U0937495

时尚企业管理

李成钢◎著

中国纺织出版社
国家一级出版社
全国百佳图书出版单位

内 容 提 要

本书从对时尚的认识入手，探讨时尚背后的文化特征；从企业时尚化的角度，重新认识时尚企业的沿革、构成、特点、使命和作用；分析时尚企业管理的特殊性，从时尚管理教育的角度出发，通过国内外对比、理论和现实的对比，探讨优化时尚管理人才培养的路径，通过案例讨论分析目前时尚管理的创新模式和实例。

图书在版编目（CIP）数据

时尚企业管理／李成钢著．—北京：中国纺织出版社，2020.4（2020.5 重印）

ISBN 978－7－5180－5846－4

Ⅰ．①时… Ⅱ．①李… Ⅲ．①企业管理 Ⅳ．①F272

中国版本图书馆 CIP 数据核字（2018）第 283294 号

策划编辑：顾文卓　　责任校对：王花妮　　责任印制：储志伟

中国纺织出版社出版发行
地址：北京市朝阳区百子湾东里A407号楼　邮政编码：100124
销售电话：010—67004422　传真：010—87155801
http://www.c-textilep.com
中国纺织出版社天猫旗舰店
官方微博 http://weibo.com/2119887771
三河市宏盛印务有限公司印刷　各地新华书店经销
2020年4月第1版　2020年5月第2次印刷
开本：710×1000　1/16　印张：14
字数：171千字　定价：68.00元

序

PREFACE

时尚是永恒的时代主题。岁月轮回，时尚依旧，它在任何时候都不会落伍。时尚的背后是不断传承和创新的文化，时尚是文化的时代表达。

时尚企业是满足人们时尚性消费需求的供给者，在经济社会中扮演着经济发展的助推器、企业转型升级的领航员、文化传播的代言人、应用创新的聚集地、现代城市不可或缺的构成元素等众多角色，在经济社会中发挥着重要的作用。

时尚企业是具有文化企业特质的企业，创新、传播文化和满足消费者的精神性需求是其重要的使命。

创新。创新是时尚企业最本质的特征，也是时尚企业的使命。虽然时尚企业没有具体的判定标准，但是，如果时尚企业不能够有效地应对消费需求，尤其是精神文化的变化，不能够结合最先进的技术、生产方式和流通方式，那么它就失去了作为时尚企业的最根本的存在价值。时尚具有永不落后的含义，这就意味着企业要不断创新。

传播。时尚的背后是文化，是文化在当代的显性表现，时尚企业是文化企业，它需要设计一种风格，并通过产品服务等形式去传递这种风格背后的精神表征、文化意义和价值观念。我们的日常消费包括衣食住行，如果仅仅取用衣服的保暖和蔽体功能，那么它仅仅是日常生活用品，如果赋予它民族性、区域性、身份群体等属性和特征，那么就可能会形成中国风、民族风、职业装、休闲装等文化意义的风格。它通过服装这个载体传递出了不同的文化或工艺特质，满足人们基本功能之外的精神需求，从这个意义上说，服装才是一个时尚产品。每一个时尚企业，它的时尚产品或服务，总是要传递一种文化要素；而文化也是需要真正的载体去呈现和传递，而最代表时代性特征的载体，就是时尚企业。所以时尚企业是作为文化传播的载体，需要进行创新和传播文化也是时尚企业存在的意义和重要使命。

精神性需求的满足。满足人们的精神性需求，这是时尚企业界定的重要标准，也是时尚企业的重要使命。时尚企业需要创新，也需要传播文化理念，但主要的服务对象还是人们的精神性需求。正如前面所说，我更建议把时尚作为一个领域研究，因为，企业的时尚化可以与各个领域、环节、部门进行融合，我们很难在数值上去割裂地区分传统部门和时尚企业的产值，因为人们在消费产品和服务的时候，既满足着基本物质的需要，也满足着精神方面的需要，但时尚企业所要秉承的是满足人们的精神需要，否则它与传统企业将没有任何差别。所以，重点满足人们的精神性需求，是时尚企业的重要标志和使命。

承载着这样的行业特色，时尚企业的管理既具备企业管理的一般性特点，同时又兼具时尚的行业性特点。时尚有着特殊的需求定位，所以在满足需求的过程中，需要按照其行业特色来规划其供应链、组织结构、企业文化及人力资源管理方式。

而在时尚产业链条中，时尚教育是其重要的一环，秉承这一使命的是高校的教育。一方面，高校通过专家或专业资源对接时尚市场，为行业提供教育、培训、咨询，利用资源与企业合作进行研发设计，或辅助行业企业解决问题，利用已有的资源直接投身于时尚行业。另一方面，秉承教育的使命，面向未来，为时尚行业源源不断地输出时尚领域的管理人才，这对时尚行业的发展有着重要的意义。

在理论与实践的结合中，时尚行业的管理创新是体现其行业特色和行业价值的重要一环。管理创新是管理者的一种管理哲学，要有自己的演进路径、方向或逻辑；它也是一种系统创新，每一项管理创新的推进和成果的取得，都是在企业或组织内部多部门的配合下共同完成的。研究管理创新的意义在于，体会管理者的升华的管理思想和管理哲学，挖掘其系统整合的改革实践，以“他山之石，可以攻玉”的心态，进行以点带面、点面结合、改进和完善自身的管理模式，提升管理效率和效益。

带着这样的认识和思路，本书从时尚的认识入手，探讨时尚背后的文化特征；从企业时尚化的角度，重新认识时尚企业的沿革、构成、特点、使命和作用；分析时尚企业管理的特殊性，从时尚管理的教育的角度出发，通过国内外对比、理论和现实的对比，探讨优化时尚管理人才培养的路径，以案例分析目前时尚管理的创新模式和实例。

全书分为 5 篇 18 章。

第一篇，时尚是文化的时代表达。第一章，走进时尚。探讨了时尚的起源、对时尚内涵的理解和时尚的传播渠道。第二章，时尚的文化内涵。主要探讨了文化的含义、文化的内容体系和时尚的文化本质。

第二篇，时尚企业是企业的时尚化。第三章，企业和时尚。主要探讨了时尚的崛起赋予企业更强的使命感、时尚企业在满足时尚生产和销售变革中崛起、对消费需求的满足是时尚企业的终极使命。第四章，企业时尚化转变的动力。主要探讨了传统企业的压力和困境、消费需求的变化特征和突破困境的途径选择——供给侧改革的践行。第五章，企业时尚化的动力和市场机会。主要探讨了企业时尚化的本质、企业时尚化的驱动力和企业时尚化的市场机会。第六章，时尚企业的特征和作用。主要探讨了时尚企业的界定、时尚企业的特征和时尚企业的作用和使命。

第三篇，时尚企业管理。第七章，时尚供应链管理创新。主要探讨了时尚供应链管理的跨界、时尚供应链的短周期高效率运作、消费者主权的驱动，以及时尚供应链管理的智能化。第八章，时尚企业的核心竞争力。主要探讨了企业的核心竞争力、时尚企业的核心竞争力和时尚企业核心竞争优势的极化趋势及优缺点。第九章，时尚企业的组织结构。主要探讨了企业组织结构、时尚企业组织结构的诉求和时尚企业组织结构的创新。第十章，创新型人才管理。主要探讨了企业的人力资源管理、企业创新型人才的定位和时尚企业创新型人才的特征。第十一章，时尚品牌管理。主要探讨了品牌与时尚的内在联系、品牌管理在时尚企业管理中的重要地位、时尚品牌管理的内容和时尚品牌的生态化运营。第十二章，时尚企业的企业文化。主要探讨了企业文化、关于企业家精神和企业文化和时尚企业的企业文化。第十三章，时尚科技创新管理。主要探讨了对业态创新的认识、基于数字化的业态创新、基于网络化的业态创新、基于共享的业态创新和基于智能化的业态创新。

第四篇，时尚管理教育体系。第十四章，国外时尚管理教育特色研究。主要探讨了学习氛围的塑造、专业和课群的建设、特色化的课程定位、专业课程的分类体系和专业课程的重点和特色。第十五章，中国时尚管理的教育体系。主要探讨了中国时尚管理的教育现状和特点、中国时尚管理教育的问题和关于时尚管理教育的几点建议。

第五篇，时尚企业管理创新。第十六章，阿米巴模式。主要探讨了阿米巴模式的含义、阿米巴模式的管理特征和阿米巴模式的企业应用。第十七章，个性化定制。主要探讨了个性化定制的含义、个性化定制管理特征和个性化定制的企业应用。第十八章，其他管理创新模式和实例。主要探讨了战略管理的创新和品牌管理创新。

时尚以文化为基础，具有鲜明的时代特征，时尚覆盖的领域具有广阔性和动态性，要想全面系统地描述时尚企业管理具有很大难度。本书“以管窥豹”，浅析了笔者对时尚企业管理的粗浅认识和看法，疏漏和谬误之处，敬请读者谅解。

目录

CONTENTS

第一篇　时尚是文化的时代表达

第二篇 时尚企业是企业的时尚化

第三篇 时尚企业管理

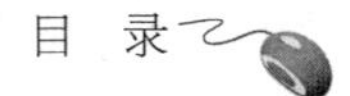

第五篇 时尚企业管理创新

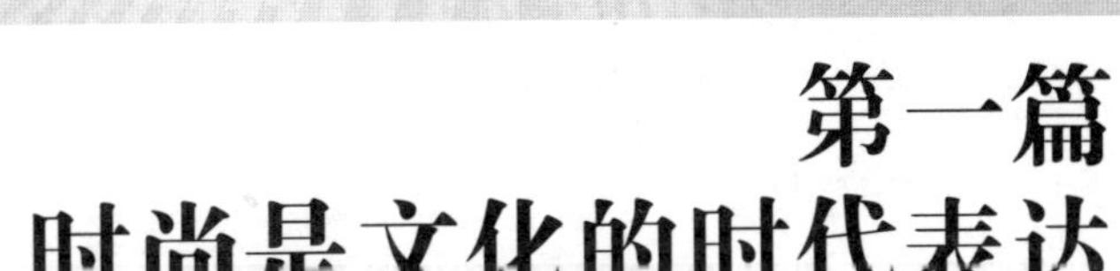

第一篇 时尚是文化的时代表达

时尚是永恒的时代主题。岁月轮回，时尚依旧。它的历史我们需要去远古追溯，但在任何时候都不会落伍。它不是哗众取宠，也不是偶然的即兴之作，它的背后是不断传承和创新的文化，时尚是文化的时代表达。走进时尚，走进时尚背后的文化传承与创新。

第一章　走进时尚

一、时尚的源起

关于时尚的话题，总是众说纷纭，它因何而起，去往何方，通过对时尚起源的追溯，我们可以了解时尚的发展脉络。梳理文献，可以归纳出几种关于时尚起源的观点：

观点一：时尚源于对奢侈和品味的追求

可以把这类观点定义为奢华论。这是德国思想家齐奥尔格·西美尔的代表性观点。大约产生于 14 ~ 17 世纪的欧洲文艺复兴时期。观点认为，时尚起源于 14 世纪欧洲的宫廷，即伏尔泰所说的“欧洲之文明教养和社交精神的产生都应归功于路易十四的宫廷”，正如《文化生活译丛·时尚的精髓：法国路易十四时代的优雅品位及奢侈生活》中描述的，“在那个时代，人类对优雅、品味及奢侈生活的欲望达到了史上从未有过的高度，其为美食、时装、室内装饰等领域所制定的标准，……”。当时，时尚成为奢侈与品味一样的含义，品味，与如今理解的品味不是同一个含义，主要指的是符合当时奢侈风格和标准的生活方式和习惯。这一观点中包含了时尚源起的几个因素：财富、炫耀性、形成上行下效的潮流。

观点二：时尚源于阶层

可以把这一观点定义为阶层论。这一观点认为，社会由高到低分成不同的社会阶层，每一阶层有着相同或者类似的生活习惯和品味，时尚产生于高端的阶层，由高到低层层传递。同时，高端阶层为了保持阶层的高端性和独立性，会不断追求新的时尚，来保持引领性和阶层的特殊地位。

正如格罗瑙所言：“生活方式和品味是由不同阶层的社会地位有等级地排列和决定的。某一社会阶层的生活方式或多或少地是类似的。品味就是阶级品味。一个社会的正统品味是与其统治阶级的品味相一致的。在如此概念化而形成的社会中，社会阶层在发起一个连续的斗争，在决定高雅或正统品味方面社会威望的作用已岌岌可危。时尚是阶级的时尚，几乎总是来源于社会的较上层。”

观点三：时尚源于人的参照

可以把这一观点定义为人性论或时尚永存论。观点认为，时尚伴随着人类文明的产生而产生，发展而发展。这种观点把时尚的历史追溯到了原始社会，出于羡慕、从众，以及炫耀等心理因素，人们相互参照，相互影响。相互的对比参照，就会有个体突出出来，引起周围人群的效仿，通过不断地对比，不断地演化时尚的表现方式，让时尚不断地充实和发展。观点认为，只要有人的地方，就会产生参照、攀比心理，时尚就会不断地发展，这是时尚永存论。

观点四：时尚源于城市

可以把这种观点定义为城市论。观点认为，时尚是一种城市现象，城市是时尚产生和传播的空间和场所，城市人口的数量和密集程度为时尚的产生和传播奠定了基础；城市的商场百货等购物、娱乐休闲等场所和渠道为时尚的产生和传播构建了广阔物理空间；城市环境的优化进一步促进了时尚的消费心理的不断演化，让时尚不断推陈出新，让城市更时尚，时尚业进一步装点城市。

时尚文化的产生和传播离不开城市发展，而时尚及其传播也为城市的气质和特征提供了表层的传播符号和内在的价值意蕴。

观点五：时尚源于偶然的视觉创新

这种观点主要源自于审美疲劳背后的视觉反差，一般通过个案来证明。

如美国西部贫穷青年穿着破裤子参加斗牛比赛，赢得胜利后，破牛仔裤被效仿，流行；法国流浪歌手的肥裤子，与当时的瘦腿裤形成鲜明的对比，成为时尚；英国小镇上的青年无意被化工染料染了头发，没有钱去修理，反而被人模仿追逐；巴西流行一时的裤子上的绣花工艺，是因为乡下的奶奶为了打扮没钱的孙女，光脚丫不穿袜子，其实也是穷家女孩创造出来的；涂红脚指甲，也是乡下女孩子开的头等。

这种观点强调时尚来自于偶然性和创新性。偶然性强调的是时尚的产生是由偶然事件推动的，从上面几个案例中可以看出，时尚是人们内心潜意识和愿望的达成，通过偶然的事件，让人们的心愿和诉求释放出来，也许内心深处有种改变现状的愿望，在偶发的触点下爆发出来。另外是源于创新，往往是反其道而行之。完整的裤子和破裤子、肥裤子和瘦裤子、本色的头发和染后的头发、光脚和穿袜子等。这些元素被后来的设计师和商业人士运用，把偶然性作为事件营销的契机，进行进一步推动，把反其道而行之作为创作的另一源泉来进行创新和营销工作，让时尚不断创新和推广。

综合起来，时尚的源起可以从两个方面来理解，一方面是内部因素，另一方面是外部环境，二者共同构成了时尚产生和发展的主要因素。

从内部因素看，时尚的产生主要源于人们内心的向往和诉求。这种向往和诉求，主要体现在一定时代背景下，依据一定的价值判断标准，对美好事物的向往和追求。包括：炫耀心理下，对奢侈和品味的追求，审美疲劳下，对于创新的追求，参照攀比心理的追求等。正是人们内心不断涌现的向往和追求，成为时尚产生的最根本的内在因素。

时尚产生的外部环境，归根结底是由不平衡性带来的。正是由于不平衡性的存在，大家在经济基础、政治地位、创新能力等方面存在差异，这种向往和追求的意愿才会更加强烈，正是由于城乡差距的存在，所以人们才从规律上得出时尚源于城市这样的结论，人们个体或部分群体在利用自然、改造自然的能力方面，以及人文社会科学发展方面，会一直存在着差异，所以不平衡性将会一直存在，这也是时尚永存论的支撑性依据（图 1-1）。

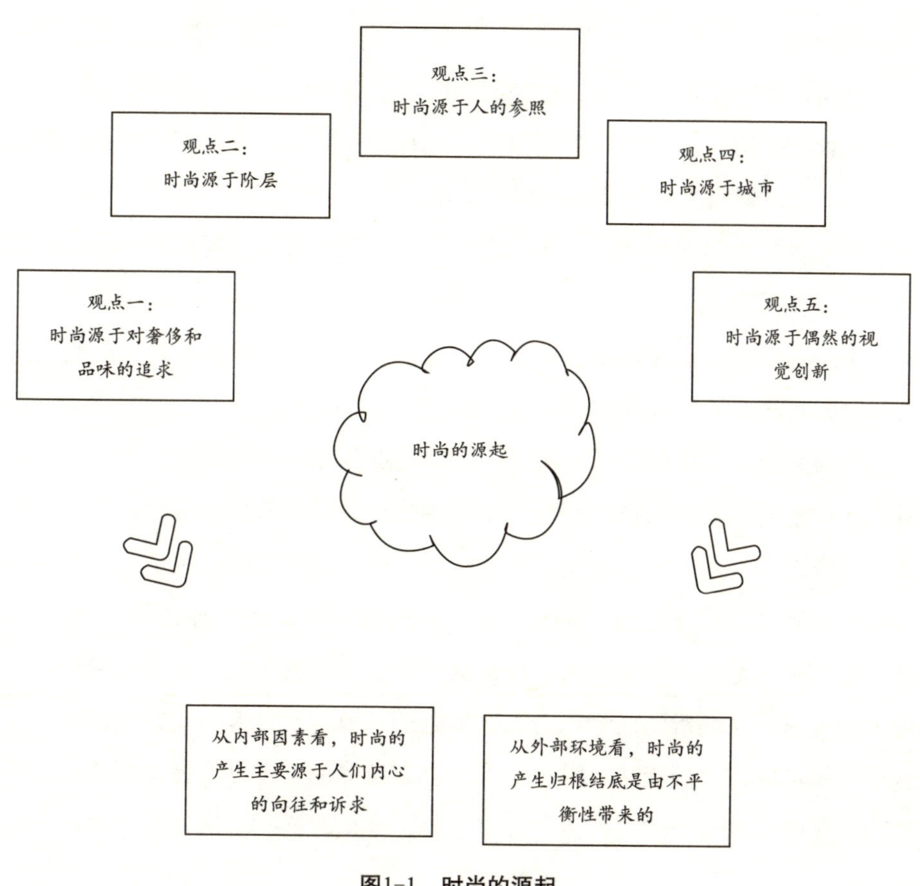

图1-1　时尚的源起

二、时尚内涵的理解

对于时尚基本含义的认识具有一定普遍性，但是截至目前，还未能达成统一。每个人都对时尚有独特的视角，都有各自的道理，但却未有权威和统一的界定。概念尚且如此，时尚的评价标准也没有统一，与之相关的衍生性概念，如时尚产品、时尚产业等也未有统一定义。本部分尝试在从各个视角界定时尚的基础上，提炼出时尚的共性特征。

（一）基本理解

时尚是既定模式的模仿，这是西美尔的理解。在这一理解中包含了几个方面的含义：第一，时尚的范围很广，没有特指某一行业，只要能被人模仿的模式都可以划归为时尚领域；第二，要形成既定模式，无论是服装、语言、行为等需要形成固定的模板或者范式；第三，要模仿，这反映了时尚的社会性特点。“见贤思齐”，人的社会性可以体现在群聚性，相互影响，“需要”在群体中进行传播，这种既定的模式被传播，形成效应，才能称之为时尚。这既是时尚的含义要求，也是时尚的形成条件。

时尚是创造被接受的动态过程。这种观点首先将时尚作为一个过程，即时尚从产生到传播，由被动接受到主动接受，并形成效应的过程。第二，创造。创造首先是人类的一种主动性的活动，创造的结果是产生从无到有的新事物，从定义上看，这里的创造显然指的是创造的结果，即新事物。第三，被接受。接受是一种认同行为，被接受，是从对象的角度出发的一种被认同行为。这与上面解析的西美尔观点时提到的“模仿”具有一定的关联性。在这里，模仿应该是接受的一种表现形式，而接受的广度和自愿为之进一步推广的程度是构成时尚的必要条件。这一界定是从时尚的形成过程的角度进行界定的。

借鉴《辞海》(1999 版）对于时尚的界定，可以对“时尚”作如下解释：所谓“时尚”，是一种外表行为模式的流传现象，属于人类行为的文化模式的范畴。其通常表现为在服饰、语言、文艺、宗教等方面的新奇事物往往迅速被人们采用、模仿和推广。目的是表达人们对美好的爱好和欣赏，或借此发泄个人内心被压抑的情绪。时尚有时也特指服饰的流行。

（二）基本特征

广泛性

时尚的广泛性体现在包容性等多个方面，时尚并没有被圈定在固定的领域。可以说，只要符合时尚的要求，任何领域都可以时尚，它跨越了领域、国别。时尚的这一特性，可以作为各个行业、领域满足消费需求，进行供给

侧改革，消费结构升级的方向。同样，由于时尚领域的广泛性，很难界定时尚产业具体的包含范围，它与多个领域都有交叉，而且很难纳入国民经济的统计，且量化困难。这也是目前很多专家学者纷纷界定时尚产业的分类，但是却无统一标准的重要原因。因此，笔者认为把时尚作为领域研究为主，产业研究为辅可能更符合时尚的这一特点。（领域一般是活动或事业的范围、部类；产业是同类属性的经济活动集合。国民经济是按照产业的分类来进行衡量的，有着较为严格的界定、具有可测量性。而领域界定的时尚范围，相比之下，内容较为宽泛。）

新颖性

新颖性是时尚的本质属性。创新从理念上主要表现在，打破常规，突破现状，敢为人先，敢于挑战未来。正如习近平总书记所说："抓创新就是抓发展，谋创新就是谋未来。"在时尚的各种表述中，无论是直接阐述，还是潜在的含义，"新颖性"都是时尚的核心表达。新颖性源于创新和创造。时间上，时尚应具有时代性特征，每一个时代都有新的元素融入其中，时尚需要创新；从内容上，新技术、新应用、新模式、新方法，能够体现不同以往的都是创新和创造。从人们的主观上，作为新事物被人们接受和乐于传播的，一定有其内在的创新性特点。

模式性

时尚属于文化模式的范畴，它要通过一定的相对固定的模式、方式、规范，来适应被传播和模仿的需要。无论是时装、鞋、靴子、拖鞋、折叠伞、古董、高档家具、香水、化妆品等物质产品，还是发型、厨艺、咖啡馆、娱乐等服务和生活方式，都需要相对固定的模式来显化和简化创新思想，使其具有稳定性，从而可以进行可重复性的传递。模式性是时尚形成的充分条件。

传播性

一般来讲，传播是独立系统之间的信息传递，传播需要通过一定的载体和路径。前面所提到的"模仿"和"被接受"，体现的就是时尚的传播性特征。后一个主体在模仿、接受前一个主体的信息，就是信息在不同独立主体之间的传递，这是时尚形成的重要环节。时尚的传播需要一定的载体和路径，载体就是不同主体之间信息传递的节点，而路径就是由各个节点形成的通道。时尚的传播特征，衍生出了相应的领域，例如媒介性质的组织。这些节点本身属于时尚形成的有机的组成部分，具有内部化特征；同时，这些媒介节点本身可以通过自己的传播性，影响到时尚传播效率和效果，具有外部性的特征。关于传播媒介在时尚中的定位一直颇受争议，作为时尚传播的必要环节，本身是作为时尚的一个部分，同时作为“眼球经济”的特征，本身对消费者有着重要的影响，能够发挥出远超出时尚环节的作用。分析其作用和影响应该把其还原到相应的环节中去，更能体现其价值。

消费性

时尚的消费性特征主要表现在几个方面：一方面，时尚主要集中在生活消费领域。把消费分为生产性消费和生活性消费，时尚的主体是消费者，而且主要是生活性消费，即时尚主要用于满足个人生活的需要，这种个体消费者呈现分布广、人数多、差异大、易变性、部分的非理性、情绪化等个体的消费特征。另一方面，时尚的消费主要集中在精神性消费。如果把产品分为物质产品和精神产品，那么时尚消费侧重于精神性产品的消费和满足。马斯洛的层次消费理论把人的消费进行了层级划分，但是在层级的交叉性方面一直颇有争议。但从时尚的起源和界定方面看，时尚满足的主要还是非物质的需求，是追求精神层面的需求，但二者不是割裂的，往往是同一事物，是满足基本需求基础上的精神愉悦。可以说，在时尚领域，物质需要和精神需要能够得到集中性的满足，无论是前面带有炫耀性的奢侈品，还是我们生活的衣食住行等方面。服装，御寒蔽体这是基本需求，但是在这个基础上，款式新颖、美观、让人心情愉悦，这就是精神的需求；食物，用于果腹和健康，但是如果在色香味方面加以精细化，就能让人身心俱感愉快；家居设计，具有各自特色的设计方案，不仅让人能住，而且住得好，心情好等。生活离不开衣食住行，但时尚更加关注的是精神层面的享受。更加侧重精神性的消费也是时尚的另一个本质属性。

时代性

时代性体现了时尚的传承、创新和价值观。新颖性体现的是时尚的表现形式，精神性消费体现的是时尚的实现领域，而时代性则体现了时尚的价值观念。时代，既可以指历史上以某些标准为依据而划分的时期，也可指个人生命中的某个阶段。每一个时代都有着不同的价值理念和特征，这也是划分不同时代的依据，时代性的特征孕育着时尚产生的根源。“时代是思想之母，实践是理论之源。”价值观是人判断事物好坏、美丑、善恶、得失的立场和态度，属于意识形态范畴，受到经济基础的影响和制约，是人们利益和诉求的反应，决定人们的立场、态度和选择。社会价值观由价值观长期整合逐步形成，代表着社会主体判断价值问题的立场、态度和选择，它既是社会发展状况的客观反映，也代表了人们对理想目标的期许。每个时代的经济发展基础不同，影响和制约着这一时代的社会价值观，从而决定了人们对事物价值判断的立场、态度和选择。时尚的时代性深刻地反映了时代的价值观念。当今时代，党的十八大提出，富强、民主、文明、和谐，自由、平等、公正、法治，爱国、敬业、诚信、友善的社会主义核心价值观，“自由、平等、公正、法治”是对美好社会的生动表述，反映在时尚领域，这些价值观念细化成创造和欣赏的元素，融入时尚的创造和传播之中，形成具有这一时代特色的时尚。

时效性

时尚的时效性反映的是时尚创新周期的变化特征。与传统商品相比，时尚类产品的市场生命周期相对较短，在时尚领域，“迭代”是一种常态化的现象。时尚的时效性源于其本质属性的新颖性和引领性。其新颖性不仅反映时代的特点，还能够引领时代的潮流。想做到这点，就需要缩短创新周期，不断地创新和传播新模式、范式，形成一定范围内流行的风潮。从这个意义上，流行是时尚的延续和泛化。一旦时尚了，马上就不时尚了，这是对时尚时效性比较形象的描述（表 1-1）。

表1-1　时尚的泛在性理解

	对时尚的观点	时尚的共性特征
时尚的泛在性理解	时尚是既定模式的模仿	广泛性 新颖性 模式性 传播性 消费性 时代性 时效性
	时尚是创造被接受的动态过程	
	所谓“时尚”，是一种外表行为模式的流传现象	

三、时尚的传播渠道

一般来讲，时尚有三种传播渠道。

第一，自“上”而“下”。所谓的“上”，主要指的是业界领袖、精英人物，在社会领域中具有较大话语权的社会人士群体，包括地域、企业、机构、组织、权威人士、意见领袖等。“下”主要指普罗大众。自“上”而“下”是时尚形成和传播的主要渠道，领袖、权威和精英人群受到的关注度较高，其衣着搭配、生活方式等方面更容易被模仿，而形成示范和传播效应，这与前面分析的时尚的阶层性、模仿性等相关联。例如，目前时装仍然是时尚的主流，每年五大时尚之都仍然主导和引领着当年时尚的走向。法国巴黎、意大利米兰、英国伦敦、美国纽约、日本东京对世界范围内服装的设计和信息发布、面料、高级成衣、运动、休闲、品牌、时装加工等起着重要的引领作用。

第二，自“下”而“上”。与前者相反，这种传播是指在基层产生，普罗大众中间先行传播，逐步蔓延到社会的各个阶层。这种传播途径的产生和发展，需要一定的条件。一是时尚需要平民化，当人人都能够展示美、传播美的时候，这种传播途径才有基础；二是打破时尚产品的奢侈性特点，早期的时尚是以奢侈品为代表的，普通消费者是带着倾慕的心态去看待时尚，属于被动接受，很难自下而上地逆向产生和传播时尚；三是打破时尚的阶层性，前面分析中，时尚是有阶层性的，这种阶层性像一堵围墙，阻断了不同阶层之间的交流和传播，尤其是自下而上的传播，上位阶层为了维持自己的优越感和引领性，拒绝逆向传播时尚；四是传播平台的突破，普罗大众与公众人物不同，他们缺乏公众性和展示性，很难形成焦点。因此，即使拥有好的创意也很难广泛传播，而互联网普及、自媒体的广泛应用打破了这种束缚，更多地展示自我、个性化的时尚不断地从基层展示和传播开来，拓展了时尚的产生和传播渠道，也丰富了时尚的内涵。

第三，平行传播。平行传播强调的是在某一群体或者阶层产生并传播，逐步形成普及的时尚传播方式。与前两者相比，似乎略显中庸，但时尚的平行传播却是其广泛性的重要来源。无论是自上而下，还是自下而上，时尚在穿越领域和阶层的时候，都会遇到一定的“壁垒”，而打破这一“壁垒”的往往是某一领域中的尝试者，他们偶然或者有意识的行为方式在同领域的群体中产生了示范效果，形成了传播的雏形（图 1–2）。

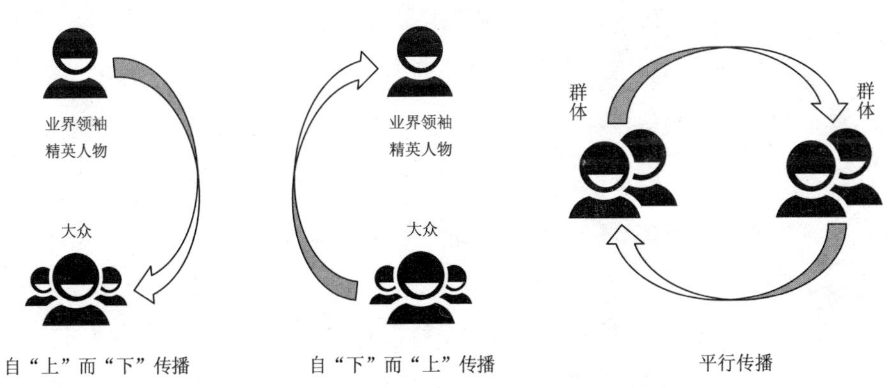

图1–2　时尚的三种传播渠道

第二章　时尚的文化内涵

一、文化的含义

文化是一个范畴很广的概念，很难精确地定义。古今中外有很多对文化的界定，哲学家、社会学家、人类学家、历史学家和语言学家从各自的角度来界定文化。如毛泽东同志指出“一定的文化（当作观念形态的文化）是一定社会的政治和经济的反映，又给予伟大影响和作用于一定社会的政治和经济”。爱默生从美学的角度指出“文化开启了对美的感知”。周海中教授指出“语言是人类文化的载体和重要组成部分；每种语言都能表达出使用者所在民族的世界观、思维方式、社会特性以及文化、历史等，都是人类珍贵的无形遗产”。这些界定对于理解文化的本质有着重要意义。

从广泛意义来讲，有人把文化定义为：人类在社会历史发展过程中所创造的物质财富和精神财富的总和。这是目前对文化范围最为广泛的界定。

一是较为全面地界定了文化的范畴，即物质财富和精神财富。与把文化专门界定于精神财富相比，这个定义把物质财富也放到文化的范畴，全面地涵盖了文化的内容，但也泛化了文化的内容，且与文明的范畴基本相同，毕竟物质和精神财富的范围过于广泛。

二是指出了文化具有传承性的特点。“在社会历史发展过程中”，指出的是文化的历史性和现实性。通过传承，我们能够追溯文化的渊源，传承过程中的去芜存菁，让文化能够为现代服务。传承性是文化形成和发展的重要属性。

三是传承性背后隐含的精神性。随着岁月的流逝，物质总是会被淹没在历史的长河中，而能够传承的，主要是世界观、人生观、价值观等意识形态和工艺、技巧、知识、语言、文字等非意识形态的精神财富。所以，文化的传承性的背后，强调的是精神性财富的特征，这也符合多数人对文化的理解。研究中要注重分析文化的精神行为实质，无论物化的载体多么鲜活和形象，但是作为文化层面研究的物化的文化，一定是其形式背后的精神层面的内涵传承和挖掘。

四是创造性。与自然奇观不同，文化强调的社会的属性，即创造性，是以人类为代表的智慧种族所特有的改造自然、美化生活的能力，创造性体现的是客观事物经过人的认识、点化、改造、重组的活动，这体现着文化的人文性特征，文化的创造性强调的是文化的社会性和人类的能动性。

同时，文化还具有群体性的特征。文化的表现形式呈现多样化的特点，但是无法改变文化的群体性的思维特征的实质。无论是留存的物化的文化载体，还是以道德、法律、技术、价值观等精神层面的文化表象，都代表了一定的群体的思维方式和特征。

综合广义文化的特点，可以把文化描述为：人们在认识和适应自然的过程中，以社会群体性思维为表征的、可以外显其形但重在内敛于精神的人类创造性活动产生的财富，其中物质财富是载体，精神财富是实质，重在精神财富（图 2-1）。

广义上，有人把文化定义为：人类在社会历史发展过程中所创造的物质财富和精神财富的总和。

一是较为全面地界定了文化的范畴，即物质财富和精神财富；
二是指出了文化具有传承性的特点；
三是传承性背后隐含的精神性；
四是创造性；
五是文化还具有群体性的特征。

综合广义文化的特点，可以把文化描述为：人们在认识和适应自然的过程中，以社会群体性思维为表征的、可以外显其形但重在内敛于精神的人类创造性活动产生的财富，其中物质财富是载体，精神财富是实质，重在精神财富。

图2-1　文化的含义

二、文化的内容体系

文化的界定没有统一的标准，所以对于文化的内容体系的分类也众说纷纭。目前的分类中，有的直接把文化分为物质文化和精神文化；有的把文化分为物质、制度、精神三层次；有的把文化分为物质、制度、风俗习惯、思想与价值四个方面；也有把文化分为物质、社会关系、精神、艺术、语言符号、风俗习惯等六个方面等。文化分类多是研究者从不同的角度和研究目的出发，对文化进行的划类。本文仅从文化的认识角度和产业研究的角度两个方面浅谈一下对文化内容体系的认识。

首先，从对文化的认识的角度来看，文化是人类在认识和改造自然界的过程中所形成的一切精神成果。包含两个方面：

一方面，人类在认识、适应和改造自然的过程中形成的知识和技能。主要反映的人与自然的关系。包括知识、技能以及由此衍生的物化的文化成果作为文化的载体。从这个角度出发，文化主要发挥着创造性功能，在适应和改造自然，满足人类生存、发展的问题方面发挥重要的作用。

另一方面，文化作为社会性的产物，形成社会的规范性文化，体现人的社会性的属性。这种规范性的文化旨在影响人们的心理和行为，按照这个标准，可以把文化分为行为和心态。行为主要指的是行为方式和相关制度安排，具体包括约定俗成的习惯、风俗、语言符号、艺术、精神等和由此衍生的相关的法律和制度安排；心态包括世界观、价值观、审美情趣等。无论是行为还是心态，它们的共同特征就是通过一定群体性思维的方式形成既定模式或规范，从而影响人们的心理和行为。从这个方面来分析，文化发挥着示范性、导向性、约束性、规范性的作用和功能。

其次，从文化的产业化视角看，“产业”一词是社会分工的产物，是工业社会的集中表现。

在英文中，二者都是 industry，所以早期即 20 世纪初期，文化产业即 culture industry，翻译成“文化工业”。因此，文化产业的定义是按照工业的标准，生产、再生产、储存以及分配文化产品和服务的一系列活动。这一定义也是联合国教科文组织的基本界定，它是从文化产品的工业标准化生产、流通、分配、消费、再次消费的角度而进行的一种界定。所以按照这样的标准，可以把文化产业划归为三类：一类是生产与销售，物态形式呈现的文化产品的行业；第二类是服务型行业及以劳务形式出现的文化服务行业；三类是像其他行业提供文化附加值的行业。这三种分类基本上囊括了文化产业的基本类别，包含了如图书、报刊、影业、音像制品等生产与销售，戏剧、舞蹈、演出、体育、娱乐、策划、经济等，服务行业、旅游以及装潢装饰设计等提供文化附加值的相关行业。

因为各国对文化产业的定义理解不一样，所以这一产业在国际上并没有统一的界定。如联合国教科文组织是根据工业化生产的特征来进行界定文化产业的，能体现系列化、标准化、生产过程分工精细化和消费的大众发展的工业化生产的产品，才属于文化产业的文化产品，所以从这个角度出发，舞台表演造型艺术的生产与服务将不被纳入其文化产业的统计范畴。美国是一个比较注重知识产权保护的国家，所以他们国家的文化产业，主要是由版权产业构成，即从文化产品具有知识产权的角度而进行的界定。而日本对于文化产业的界定比较宽泛，与文化相关联的产业都属于文化产业，他更加强调内容的精神属性。而文化产业的界定，一定意义上反映了各国的产业政策，它具有一定的导向性，随着经济社会的发展，文化产业内涵和外延也不断的丰富和变化，不同的业态之间也不断的融合，新业态不断的出现，在我国，旅游和文化部门整合之后，将对于文化产业的外延产生重要影响，文化产业的内容将会更加丰富（图 2-2）。

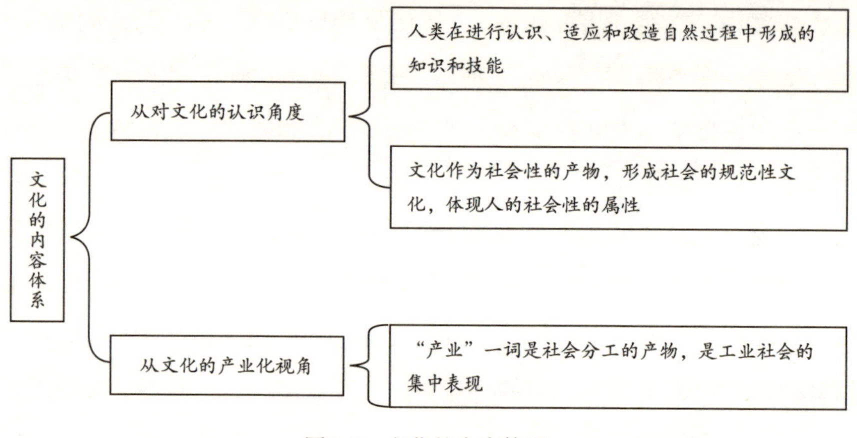

图2-2　文化的内容体系

三、时尚的文化本质

时尚与文化，主要是满足于人们的精神需求，同时也有着各自的物质载体。从这个意义上说，二者是同源的。文化作为人们心理和行为方式更深层次的架构，具有比时尚更强烈的稳定性。而这种稳定性能够不断延续，从而具备传承性，在传承过程中又不断地去芜取精，从而不断创新，所以文化的传承中自然拥有着创新性。而时尚是文化在一定时间阶段内的重要的表达形式，研究时尚，其实就是研究在历史传承的、特定阶段内的文化。

（一）时尚属于文化的范畴

根据前面的描述，可以对时尚做出一个界定：一种风格因美而被创造，进而被逐步地模仿和广泛接受，并加以传播。正如爱默生所说的，文化开启了对美的感知，美是人们心理的一个评判标准，而模式化的风格是人们的一种思维模式或行为模式，而且创造性、创新性恰恰是在文化传承基础上的改革和创新，而时代性在孕育了文化的同时也深刻地影响着时尚的产生和风格。对比时尚的基本特征和基本含义，可以得出结论，时尚是属于文化范畴的一个概念。

从时尚的起源看，在前面梳理和分析时尚的起源时指出，时尚具有奢侈性、阶层性、参照性、城市性和创新性。奢侈性是当时主流社会所崇尚的消费心理和行为方式，它所代表的是财富炫耀性和上行下效的一种传播模式。阶层性代表的是一种自上而下的传播渠道和模式。而人的参照性，是源于人的羡慕、从众以及炫耀的心理，这是时尚产生的根本的心理因素。城市论所界定的是时尚产生和传播的空间和场所。偶然性的创新，代表着文化传承过程当中人们消费心理发生的从量变到质变的一个过程。所以从时尚的起源来看，时尚源于文化。

（二）时尚产业属于文化产业

时尚产业不是一个严谨的产业概念，也不是单一的产业。截至目前也没有一个机构能够严谨地界定时尚产业。时尚产业是一个融合性的产业，它是融合了第一、第二、第三产业，而以特殊形式表达出来的一种产业形态，并没有在我们国民经济的部类当中直接来体现。可以说，各个产业、各类产品都可以纳入时尚产业、时尚产品这一表现形式中来，它代表的是一种创意性的、生产性的新兴的运作方式。在一般的时尚产业研究报告中，通常把时尚产业分成服装、服饰、家居、艺术品、旅游、体育、娱乐、消费类电子产品等来进行研究。而文化产业启蒙较早，在国内外均有研究，文化产业这一术语可以追溯到 19 世纪末 20 世纪初。文化产业作为一种特殊的文化形态和表现方式，影响着人们对文化产业的不同理解，尽管有世界各国的不同角度的不同定义和理解，但文化的精神性、娱乐性等基本特征没有变化。2004 年我国国家统计局对文化产业做出了相关界定：为社会公众提供文化娱乐产品和服务的活动，以及与这些活动有关联的活动的集合。2012 年进一步把文化产业界定为：社会公众提供文化产品和文化相关产品的生产活动的集合。根据国家统计局修订的《文化及相关产业分类（2012）》标准，文化及相关产业被分为 10 个大类：新闻出版发行服务、广播电视电影服务、文化艺术服务、文化信息传输服务、文化创意和设计服务、文化休闲娱乐服务、工艺美术品的生产、文化产品生产的辅助生产、文化用品的生产、文化专用设备的生产。

这一分类把文化产业分为了生产和辅助生产两个大的部分，具体表现为四个方面：为直接满足人们的精神需要而进行的创作、制造、传播、展示等文化产品（包括货物和服务）的生产活动；为实现文化产品生产所必需的辅助生产活动；作为文化产品实物载体或制作（使用、传播、展示）工具的文化用品的生产活动；为实现文化产品生产所需专用设备的生产活动。文化产业有专门的管理部门，其产业类别和划分有较为规范的标准，纳入了统计局国民经济的统计范畴，是相对严谨和规范的。前面所述时尚产业相对宽泛，但从内容体系来说，时尚产业的内容体系基本上包含在了文化产业的范畴之内（图 2-3）。

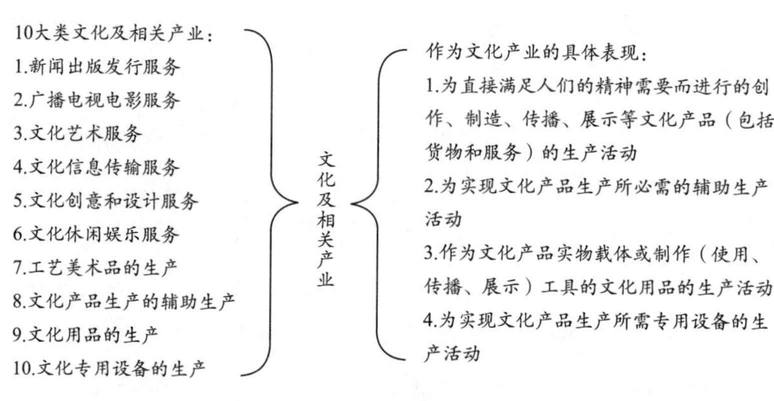

图2-3　文化及相关产业

（三）时尚是文化的时代表达

如前所述，在研究时尚的起源、含义范畴和内容体系过程中，都能表现出，时尚的文化本质。从另外的角度，我们也可以得出，时尚是文化的时代表达。二者都侧重于精神层面，同时也有着物质载体。另外，二者都是通过一定的群体性思维方式形成既定模式和规范，从而影响人们的心理和行为，也就具有了示范性、导向性、约束性、规范性的作用和功能。文化是时尚表达的土壤和基础。首先时尚的形成有着最广泛的群众基础，它并不是艺术家、创造者凭空创造出来的，而是对于群体消费心理、精神世界的一种满足和表达，而一定时期的消费心理和精神世界受制于传承的延续、约定俗成的习惯、风俗、世界观、价值观等文化层面的因素影响。其次，时尚表达方式的多种多样，一定程度上受亚文化的影响。亚文化是一种集体文化，它属于某一领域或某一团体所特有的价值观念和生活方式。可以从不同的年龄、不同的区域以及民族甚至人种的角度加以区分。如年龄可以分为青年、老年，区域可以分为城市、郊区、乡村。作为主流文化的构成和具体表达方式，亚文化包含着与主流文化相通的价值观念和构成要素，同时也形成自己的特色。由于亚文化群体往往是在与人们直接生活息息相关的领域所形成的，而且从属于某一个团体的共同特征，其影响力往往比主流文化更大，可以形成一种团体的特殊的精神风貌和气质。从时尚的表达方式来看，不同的时期、不同的年龄、不同的区域、不同的团体，都有着各自的时尚的表达方式，而这些表达方式无疑代表了这一群体的行为方式、精神世界、价值取向，主要是受到了亚文化的影响。如现在蔚然成风的网络语言、网络行为方式，正是网民基于互联网这一空间下的时尚表达，从而正在形成一种全新的网络文化，而网络语言多数是在互联网上形成并流行的，例如，非正式的、谐音的、或流行的一些经典语录等。比如 BS（鄙视）、蒜你狠、苹什么、灰常好等。这些网络语言的词组可以分为字母型、数字型、混合型、词语变异型、口语型、图画型等。简单地看网络语言是语义语音表达的一种替换，它不需要标准、严谨、规范地使用汉字，但却能够清晰表达出使用者的意思、情绪，甚至更生动，隐含了网民对自身、对社会和对时代的一种态度，而这种特殊的语言逐步为各界所重视。2010 年，“给力”一词登上了人民日报，也是一种从非主流亚文化逐步向主流文化渗透的过程。再次，时尚的传播表达了文化传播的规范。在前面研究文化的规范性问题时，提到了在文化层面的心态和行为，都是通过一定的群体性思维来形成既定模式或规范，进而影响人们的心理和行为。文化的这种示范性、导向性、约束性和规范性的作用和功能，影响着时尚的传播方式。从传播的角度来看时尚，时尚是一种风格的被模式化，而这种模式得以推广并被广为接受，而这种模式化的风格，主要表达的是受文化影响的行为和心态，而传播的路径和方式，也受到特定的群体性思维方式或规范的影响和制约，如传播的群体受到亚文化的或主流文化群体的制约（图 2-4）。

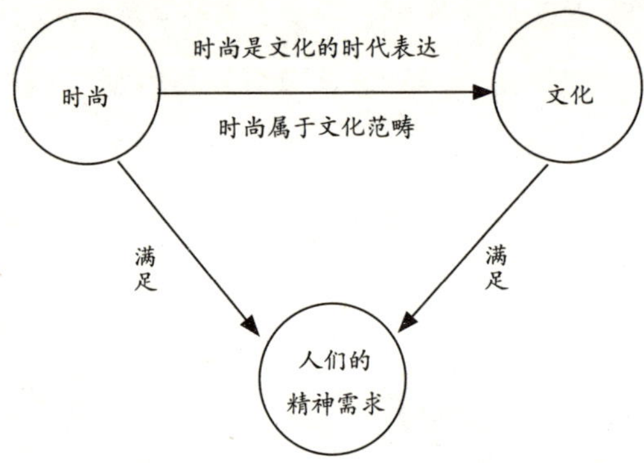

图2-4　时尚的文化本质

第二篇
时尚企业是企业的时尚化

在研究时尚问题的时候，有一个有意思的现象。如果我们问：经常能够看到的时尚产业有哪些？能够列举出包括时装鞋帽、皮具、服饰、配饰、美容美发、珠宝首饰、家居时尚等。知名时尚行业的公司有哪些？时尚界包括哪些行业？时尚圈有什么职业？在网上也可以找到某某公司评选，最佳时尚潮流企业等。可是却没有任何一个关于“什么是时尚企业”“时尚企业的范围有哪些”这样的较为严格的界定。这就为我们研究时尚企业带来很多困惑，没有严格的界定，时尚企业的范围究竟有多大，多宽？企业有多少？如果把时尚当成一个产业，那么产业下面具体的组成企业有哪些？如何分类？如何来分析这一类企业的主要特征？

也许跳出时尚企业的概念，从企业的时尚化的视角，会得到更加客观的答案。

第三章 企业和时尚

一、时尚的崛起赋予企业更强的使命感

本章将从时尚的起源和沿革来探讨企业的时尚使命。

前面我们论述了时尚本源的问题，提炼出了时尚具有奢侈性、阶层性、参照性、城市性和创新性等诸多特性，这些特性均表述了时尚人群对于美好事物、美好生活的向往和追求。而追求美好的事物，是人的天性。同时也是人类社会进步的动力。从这个意义上讲，时尚是伴随着人类的产生和发展，而逐步演变和沿革的。这与当前部分专家学者在追溯时尚起源问题上——认为时尚源于时装的说法有所不同。时装，不是时尚的起源，更不是时尚的终点，它只是在特定的历史时期时尚主要的表达方式。时尚，从来都应该具有更加广阔的空间和表达方式。如果把亚当和夏娃拿无花果叶做成裙子不是为了保暖防寒而是为了减少羞耻感为例，早期的人类就已经从精神层面去享受和创造时尚所带来的快乐了。

关于人类时尚的沿革：山顶洞人利用兽牙、兽骨、贝壳等穿孔做成吊饰；用红色粉末，涂染装饰；考古出土的陶器上，刻着精美的花纹；保存至今的原始部落人群特殊的装饰搭配，诠释着早期人类对于美、对于时尚的表达。而到了封建社会，时尚的主流几乎被皇室、官僚、富商、士子等阶层所垄断，他们所体现的是一种阶层性的生活方式，所追求的是华丽美观和奢侈的时尚表达，正如伏尔泰所说的，“欧洲之文明教养和社交精神的产生都应归功于路

易十四的宫廷”。封建社会的时尚是自上而下传播的，形成的是上行下效的传播途径和方式，平民化的时尚很难逆袭上流社会，因此当时的时尚体现出很强的阶层性，传播途径的单一性。不过，平民在向往上流社会传播而来的时尚的同时，也逐步形成了适合自己的群体的时尚表达方式。而这个时候，满足时尚生产和销售的就是家庭手工业或者皇商。

引领时尚大发展的是工业时代，即大机器生产时代。与封建时期自给自足的经济相比，大机器生产带来的是规模化的生产，生产效率得到了极大的提高，极大地丰富了社会上的产品种类和数量，对于解决人们的自给自足和温饱问题，起到了重要的推动作用。“仓廪实而知礼节，衣食足而知荣辱”，当人们的物质生活需要得到基本满足之后，与之相匹配的精神生活就显得重要而迫切，同时机械化的大生产破除了自给自足的农业经济，人们更多的是聚集在一起工作生活和交流，生产关系伴随着生产力的发展在逐步改变，也为时尚的进一步发展奠定了重要的基础。时尚，作为引领精神世界的重要方式，作为一个独立的概念，日益引起人们的重视，从而也不断得到发展。而这一时期满足人们时尚需求的主体机构和组织也从封建社会的家庭手工业过渡到了工厂手工业，并在工业革命的过程中逐步建立了工厂制，企业形式得以不断发展和完善。

人们的精神世界来源于物质世界，但精神需求经常会超出了物质世界的供给能力。就像经济学上的需求的概念一样，它受制于两个条件，一个是购买愿望，一个是购买能力，二者结合，才是一个有效的需求。人们的愿望经常会超过购买的能力，虽然这种情况构不成一个有效的需求，却可以成为潜在需求，一旦条件达成，就能够迅速成为现实的需求。时尚是在精神世界的满足中逐步产生和发展起来的，一方面，它来源于人们精神世界对美好的向往，另一方面来源于精神向往的满足能力，当二者结合时，就会产生现实中的时尚风格、时尚产品。所以这个标题下所探讨的是时尚崛起过程当中时尚企业的使命。这里的时尚企业，主要指的是在现实中能够满足人们时尚需求的个人、组织或者机构。这类机构一方面在满足着人们对于时尚的精神需求，另一方面在满足的过程当中又不断地激发人们的进一步的需求。它既是供给方，也是需求产生的一个因素。所以，满足和激发是时尚沿革过程中时尚组织的重要使命，这个使命也是在时尚的发展过程中逐步明晰的（图 3-1）。

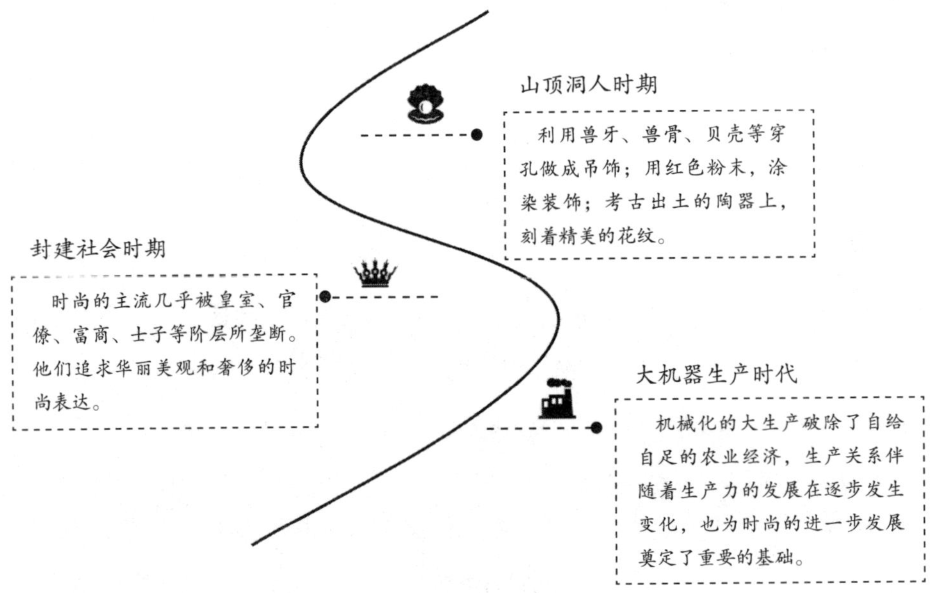

图3-1　人类时尚的沿革过程

二、时尚企业在满足时尚生产和销售变革中崛起

时尚企业的崛起，是在供给和需求的对立统一的矛盾中发展起来的。人们一直在思考和探讨一个有效的组织，通过它来更好地满足生产和消费，而在这个过程当中，实现这个组织利益的最大化，这也是第三次社会大分工后，商人作为一个独立的群体出现的重要使命和原因，所以企业崛起的过程，是在供给侧满足过程中逐步完善和发展起来的。截至目前，企业的组织变革和完善仍然在继续。时尚企业的崛起也符合这样的规律。

从人类时尚的发展和沿革的过程中我们可以看出，满足人们时尚消费的时尚生产和销售的主体，在逐步发生着变化，总体来说，是由自发性的个人逐步向规模化的组织过渡。具体来讲，早期的人类——时尚产品和服务的供给方——更多的是自给自足；而到了封建社会，主要是家庭手工业；到了资本主义初期，变为工场手工业；直到18世纪左右，工厂制出现，实行了大规模的集中劳动，采用大机器提高生产效率，实行雇佣工人制度，劳动分工，生产日益走向社会化，并逐步向现代企业过渡。一般来讲，企业是以盈利为目的，运用生产要素，向市场提供商品或服务的一种社会经济组织。按照这个含义，封建社会的家庭手工业、工场手工业、工厂制到现代企业，都是企业在不同发展阶段的具体表现形式，因为它符合企业的基本定义。

时尚供给主体的变革，反映了对时尚的满足由自发性向目的性和有组织方向的变化。组织性尤其是企业化的变革，体现了时尚的专业性和商业性的变化，这对于真正意义上的时尚需求的供给和满足，具有重要的意义。企业对于时尚产品的生产和供给经历了由自发到自觉的阶段，而企业盈利性的本质告诉我们，对于消费需求的满足从来都是企业的自主性行为。从封建社会礼制下的阶层性的引领、引导、炫耀型的生产和供给，逐步向着广泛化、平民化的满足型供给发生着变化，从而满足人们对物质和精神的需求，更是企业关注的重点和安身立命的根本。所以企业和组织机构的时尚性供给和服务，即企业的时尚化是伴随着时尚文化的崛起而崛起、发展而发展的（图3-2）。

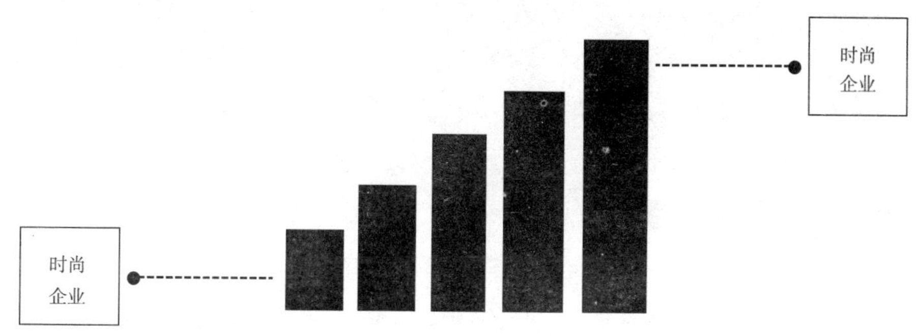

图3-2　时尚企业在满足时尚生产和销售变革中崛起

三、对消费需求的满足是时尚企业的终极使命

对于消费需求的满足是企业的使命。但是对消费需求的满足，企业也是分层次的。

首先，对于基本消费需求的满足是初级层次。在这一层次，企业根据科技的发展水平和自身的供给能力，通过提供产品和服务来满足人们衣食住行的基本生活需要，这种消费的产品和服务，需求价格弹性不大，是人们赖以生存的最基本的需求，企业主要是通过规模经济获得相应的收益。

第二层次属于挖掘性需求。企业通过对人们消费心理和消费意愿的把握，结合自己的实际能力和科技水平，生产出符合人们消费心理和愿望的产品和服务，从而获得相应的收益。这属于企业挖掘人们的消费欲望，并结合现实可达到的生产能力，进行满足的一种需求。

第三种是引领性需求、创造性需求的满足。即根据人们需求逻辑的变化和科技的发展，创造出新的产品，从而引领人们的消费需求。

第三类需求与第二类有所不同，第二类挖掘性的满足，主要针对的是人们已经有了较为明确的诉求点，只是处于现实条件暂时无法得到满足的那类需求，但人们的需求往往不够具体，仅有方向。例如，“对美好生活的向往”是人们的诉求，“美好生活”如何来解读，什么样的生活才是美好的生活，在具体人心目当中未必有一个明确的概念，这个问题要结合当前的实施环境，才能逐步澄清。所以时尚企业的创造性就体现在对这类需求的满足上，它们可以结合着最新的科学技术和客观条件，通过对消费需求的理解来创造和引领需求。

这三个层次在历史上并不是按时间序列出现的，而是每一个阶段都会交替出现，它只是需求类别上的划分，而不是需求层次的划分，这与马斯洛的需求层次理论在根本点上是不同的，马斯洛给出了人们的需求层次，但并不

是按照需求层次逐步递增的，而是会交替出现。例如，即使在温饱问题没有得到根本解决的情况下，也不妨碍人们把食物做得更加精美和可口一些；即使在布料和原料供给短缺的情况下，也不妨碍人们用鲜花、用图案等方式来表达自己对美的向往和追求；再破的房子也挡不住人们的适当点缀。人们的精神世界远比物质世界更为丰富，尽管受制于生产力、科技水平和人文素质的束缚，但是每一个时期我们都有对时尚的各自的行为表达，只是表现的方式与现在有所差异。从这个意义上讲，企业的供给水平、供给手段和供给方式虽有差异，但从来都没有改变，都在满足消费心理和消费需求这一使命。而人们美好愿望的达成，多数是具有时尚性的。

例如在工业革命之后，福特汽车公司的T型车问世，它所定位的目标市场就是美国的中产阶级，而且一开始它只生产黑色的，关于亨利·福特的名言有几种说法：第一种，任何顾客都可以将这辆车漆成任何他所愿意的颜色，只要它是黑色的；第二种，我不管顾客需要什么颜色的车，我只生产黑色的T型车。这些并不是无视消费需求，而是他当时对消费需求最精准的把握下做出的战略选择。在汽车刚刚推出之时，它还是少数人享有的专利，而亨利·福特流水装配线价格低廉，同时使用干燥迅速的黑涂料，精准定位的中产阶级甚至平民市场，终于把汽车从一个奢侈品变成了人们日常的必需品，走入寻常百姓之家。在当时从无到有的过程当中，拥有一部T型车作为代步工具已经是最时尚的表达方式，它能够满足人们物质和精神双层面的消费需求。按照现在的标准来判断，当时的福特公司属于典型的科技时尚型公司。因为，它有科技型的创新，能满足当时人们对美的需求，具有特殊的时代意义，所以T型车是当时的时尚产品，由此得出：生产T型车的福特公司是时尚型公司的代表。人们的时尚需求变化多端，时而掩盖于物质需求之下，时而是一种独立的精神需求，时而又是二者结合而成的物质和精神需求。而企业在满足这些需求的过程当中，又不断去创新，在产品中不断地融入传统和当代的文化元素，所以企业的时尚化成为企业一直追求的目标和前进的方向。

消费需求的时尚化转变引导着企业不断用时尚化的产品和服务去满足不断变化的消费需求。所以任何企业在满足不断变化的消费需求的过程当中，都可能也都可以变成时尚企业（图 3-3）。

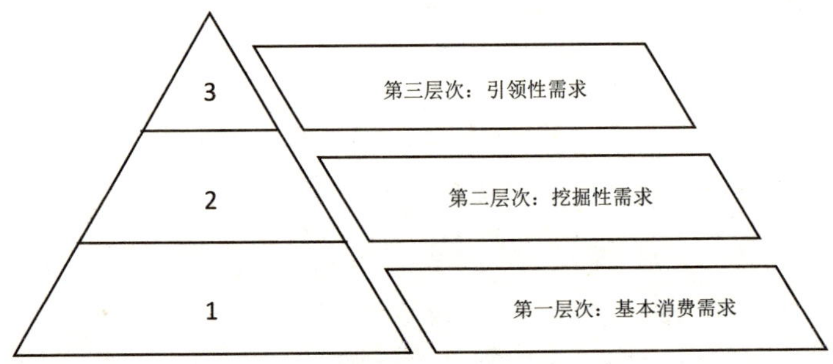

图3-3　时尚企业所满足的三个消费需求层次

第四章　企业时尚化转变的动力

一、传统企业的压力和困境

中国的经济体制经历了由计划经济向市场经济的转变，在这个过程当中，伴随的是国有企业的改制和民营经济的兴起。新中国建立之初，计划经济体制在稳定全国的经济形势、构建中国的工业体系过程中起到了积极而又重要的作用。然而，行政性的指令无法敏感地反映出市场的变化，而且不利于调动企业的积极性，存在资源的使用率不高，企业经营的行政化特征明显等相关的一些问题。于是在改革开放之后，实行国有企业的改制、转型升级，民营企业就是在这样的背景下发展起来。“转型升级”是 20 世纪 90 年代以来在产业和企业界提得最多的一个词，而无论产业还是企业，就内涵和本质上说，转型升级的内涵是相同的，即把高投入、高消耗、高污染，低产出、低质量、低效益，转为低投入、低消耗、低污染，高产出、高质量、高效益，把粗放型转为集约型。而转型的核心是企业重新塑造竞争优势，提升社会价值，形成新的企业形态，寻找新的增长点。当前企业面临的主要问题，归纳起来包括原材料价格波动大、企业融资成本高、市场销售前景不明确、库存数量上升快、用工成本高、职工社会保障和工资待遇相应费用增加、利润空间受挤压、企业自主创新能力弱等，导致企业的生存空间时刻受到威胁（图 4-1）。

传统企业的压力和困境：

原材料价格波动大、企业融资成本高、市场销售前景不明确、库存数量上升快、用工成本高、职工社会保障和工资待遇相应费用增加、利润空间受挤压、企业自主创新能力弱等。

图4-1 传统企业的压力和困境

二、消费需求变化的特征

党的十九大报告中指出，中国特色社会主义进入新时代，我国社会的主要矛盾是人民日益增长的美好生活需要和不平衡不充分的发展之间的矛盾。而我们正处在这样一个传统与时尚、文化交融与冲突、变革与创新的关键时期。在这个时期，经济形态、商业模式、消费需求正在快速地发生着重要的变化，从根本上不断满足消费者日益增长的物质和文化需求是这个时代经济和社会发展的主旋律。消费需求的满足是一个复杂的过程，而在互联网经济下，消费满足的过程中，消费者需求却呈现出几种相互矛盾的具有时代特色的特征。

（一）自主性与从众性

从众是人的一种天性，是群体压力下个人信念或行为方式的改变。这种群体压力可能是现实的一种群体张力的体现，也可能是个体的心理反应。从众行为可以是在不确定性的情景下，个体行为的一种参照心理的体现；也可能是一种“孤独的恐惧”，对于偏离群体的行为，会有被孤立或者被群体“惩罚”的心理支配下，所做的一种服从性的反应；也可以是群体的特性与个性相符后形成的一种吸引力和凝聚力。人具有社会性，总会受到群体的影响。从众性既是人的社会性的自然体现，也会受到“群体领导者”统治意识的影响和制约。中国几千年的封建统治塑造和维护着“从众”的消费心理。所谓“士农工商”四民和三教九流，是封建社会对人的社会阶层和地位进行的区分，在这种区分之下，在“衣食住行”等方面“规范化管理”，即不准有超过自身阶层消费行为。这种“规范性”在社会上形成了一种“不逾越”的意识，即在这种阶层和地位的划分下形成一种约定俗成的消费风气和消费习惯，人们的消费也与这种习惯和风气相适应。这种习惯和风气对于维护统治阶层的地位有着重要的意义，但是对于创新和基层的消费需求满足却是一种极大的束缚，久而久之，在这种习惯之下形成了依赖性很强的“从众性”的消费心理。消费心理一旦形成，会对消费行为产生重要而深远的影响，而我国封建统治的时间长达千年以上，“从众”的消费心理已经深入文化层面，把这种“循规蹈矩”的行为作为当时的美德和表率，让人效仿和传颂，从而层层束缚着创新和个性化需求的满足。“不是没有需求，而是不敢有，不知道怎么达到，无法达到”，这才是最深刻的束缚。

在改革开放中，首先要保留和发扬的是传统文化的精华部分，抵制和抛弃束缚人们思想和发展的“糟粕”部分。而与人们切身利益相关的衣食住行的消费需求的解放是一个很好的切入点。

互联网经济下，自主性消费得以发展。从众与自主是相对应的一组概念。互联网经济下，消费者的从众性行为最终是为自主性消费服务的。如从众行为的产生原因分析中的“参照行为”，互联网经济下的消费，消费者有着更多的选择和更加便利的获取信息的能力，这种参照是基于“货比三家”后的多方位参照，体现的是一种自主消费倾向；对“偏离的恐惧感”降低，互联网上的消费者和现实中的消费者相比，彼此之间并不一定熟悉，而且随着经济独立和社会的包容性增强，这种所谓的群体惩罚行为和压力在减轻。“群体凝聚力”增强，这是互联网经济下社群发展的产物，也是消费者自主选择的结果，可以加入这样的社群，也可以自动地退出，即体现了“我的消费我做主”。尊重他人的意见和商家的推荐，但不等于盲从。信息媒体技术的发展，海量的信息，让消费者有了充足的信息了解渠道和“专业化”的消费知识，对商品的适用性有了自己的见解，消费呈现自主性消费为主。

（二）个性化与同质化

同质化是“稀缺经济”的产物。在农业经济和工业经济的前期，物质资源的供给能力有限，仅能够一般性地满足人们的需求。对于消费者的深层次需求的满足能力不足，以供给为主。由于消费需求还未能得以充分开发，在同一大类中不同的商品在性能、外观甚至营销手段上相类似甚至趋同。这是卖方市场的主要特点。随着工业革命的深入影响，越来越多的科技要素融入生产环节，生产效率得到提升。产品呈现供大于求的状况下，消费者的意见和态度逐步被正视，在买方市场的背景下，这种“同质化”的现象才得以缓解。但是工业经济时代的“规模经济”效应，促使“同质化”的现象一直存续，并在某些领域愈演愈烈，甚至形成在类型、制作手段、制作流程、内容等大致相同的“同质化竞争”现象。这在我国的服装、家电等很多领域已经成为一种常态。如在服装领域，无论是面料、质量还是款式甚至终端卖场陈列、价格等，相似程度高，而且品牌与品牌之间差异不大。这种“同质化”的现象最终的决定手段就是价格战，采取“打折促销”“买赠”等价格和优惠手段来达到促销的目的，但是这种价格战的后面就是为了降低成本而导致的质量下降，最终消费者的利益会受到影响。无论是“搭便车”“捡漏”还是“惰性生产”等侥幸心理，同质化归根结底是一种供给性的思维在作祟，生产为主，销售为辅，生产什么销售什么，而不顾消费者的需求满足和利益。

互联网经济在树立消费者的个性化需求方面有着重要的作用。本质上互联网经济的平台性给众多中小企业以生存和发展空间，同时一定程度上让同质化的现象更为严重。但同质化现象的产生和发展受到很多决定性的影响和制约因素中，经济的发展程度、相关法律的完善、知识产权保护，和正当市场竞争秩序的建立、消费需求的激发程度和消费心理的成熟度等是主要原因。互联网经济下的同质化现象是传统经济发展中遗留下来的问题，根本的治理方式还是法律法规的完备、执法和监督的即时性以及政府的引导和消费心理和文化的完备程度。互联网经济的发展在某些方面“加重”同质化的同时，在消费者的个性化需求的培养和满足方面也有着重要的作用。而“拒绝同质化”已经成为互联网时代消费需求的一大特点。一方面，从众的成因中令消费者不安的群体压力影响因素大大缓解，消费者不必为了因为与别人的消费不一致而不安，让消费者坦然地去拒绝同质化的产品，这是经济社会发展带来的消费心理成熟度的提升；另一方面，互联网经济基于其挖掘性特征，充分挖掘了人的消费需求，爱美是人的天性，但对于美的认识和表达却因人而异，互联网经济的开放性让更多的消费者可以开放地追求自己认为美的商品，个性化的需求得以满足和释放，最终个性化将成为互联网时代消费者需求的主要特征。

网络时代，借助于电子商务平台的媒体属性，人们对于时尚的理解和表达更为专业，在选择商品和服务的过程中，更加在意商品和服务对自己的个性化的满足，自己认为美、能够诠释时代的价值观和具有创新特征的商品可能更加被消费者所青睐，而格式化的商品和服务在网络时代的需求中可能会被当作“老套”“呆板”的代名词，经典的风格也许要表达个性化的特征。

（三）多样化需求与品牌忠诚度

马克思和恩格斯在诠释劳动价值和生产关系时，把资料分成“生活资料、享受资料和发展资料”，这是根据人的生存、享受和发展需要进行的分类。马斯洛、克莱顿·奥尔德弗等人对人的需求进行了进一步层级式的研究，包括生理、安全、归属、尊重和自我实现的需要。如果按照马克思的生产资料的分类，可以把人的需要分成基本的生活需要、享受需要和发展需要，基本可以与马斯洛和克莱顿·奥尔德弗的研究成果对应。这些研究成果都在诠释着一个命题——人的需求是多样性的。

需求是人的一种本质属性。从生理到心理，总会产生各种各样的需求，而需要的被满足就成为一种正常现象。需求是具有“自我生成性的”，也具有外部诱导性。外部的诱因只有成为内部自我生成部分时，才是消费者真正的需要。从这个意义上说，需要是一个动态的概念，不同时期，不同背景，有着不同的需求，一个需求被满足，将会产生另外的需求，所谓“欲壑难平”，是人的需求的写照。由需求的动态性和自我生成性可以推导出，在不考虑其他的约束条件下，随着消费需求被满足程度的提高，需求的多样化的程度也越高。互联网经济下，商品的种类被极大丰富，消费者了解和获得相应的商品、满足需求的可能性极大提升，在需求的自我生成的属性下，消费需求被进一步激发，从而更加多样化。

互联网经济下促成多样化需求的原因：一是经济基础。前面已经分析过，互联网经济是在工业经济发展到一定程度的基础上的经济形态，互联网经济更多的是解决“更好的资源配置”的问题。随着经济的发展，人们的生活水平得到提高，在温饱问题得到基本解决的前提下，人们有能力、有条件去产生和满足自身的其他的消费需求，这种经济基础的保障是根本性的，可以一定程度上打破束缚需求产生的枷锁。

二是约束条件的减少。有了基本的经济基础，群体压力就会成为束缚消费需求萌生的重要因素。而互联网经济下，人们的信息接收和传播能力、广度都大大增强，人们对外界的认识也在不断提高，表现在消费方面，就是包容性增强，对于一些创新性的商品和消费模式能够采取包容性地接受，而不是反对，群体压力减轻。群体更加体现的是专业性和科学性的认识，是促进而不是束缚，这种包容性的氛围会激发消费者“天性”中求新、求异的创造性思维。

三是诱导性因素的增多。互联网经济下的海量商品，可以基本满足消费者基本需求和部分潜在需求；加之“需求侧供给”，消费者在互联网平台上不断地参与意见和指导供给，其消费的主动性大为增强；网络的平台性效果显现，让消费者可以在网络平台上迅速地查找和对比；在社交空间可以就商品的样式、种类、质量等问题进行沟通交流。在这些因素的促动下，消费需求被深入地挖掘。

四是回归本性的认识。消费行为学上有一个概念，叫作“自我概念”，从消费者的角度来定义，就是消费者对自身的认识和感受。这个概念与前面提到的个性有着密切联系。这里提到这个概念是互联网时代，消费者在进行消费和满足需求的过程中，更加注重“自我概念”。时尚是美、时代的价值观和创新的结合体，每个人心里都有时尚的不同定义，也许自己的定义不是所谓外界接受的"时尚"，但是是自己认可的，在互联网经济条件下，这种"自我概念"的特点成为消费者需求多样化的另一重要成因，这种回归本性的认识让消费市场更加活跃和丰富多彩。

互联网经济下的需求多样化不仅表现在消费者对不同产品的需求，更表现在同一种产品的不同风格的尝试。有人说互联网时代消费者的"品牌忠诚度"在不断降低。品牌忠诚度是一个反映消费者偏好性行为的概念。形成品牌忠诚度的原因很多，可能是商品和品牌本身的原因，也可能是消费者的情感因素，最终都要通过消费者的主观认可才能形成。一般品牌忠诚度的表现就是重复性购买，可以分为几种情况：习惯性购买、满意性购买、情感性购买、忠诚性购买。显然，忠诚性购买的用户黏性是最高的。衡量忠诚度的标准除了重复购买的次数外，还有消费者购物的滞留时间的长短、对价格的敏感度、对竞争性产品的态度，以及对产品质量问题的态度等。

互联网经济下的需求的多样性和可选择性的增强，一定程度上会冲淡品牌的忠诚度。在没有形成忠诚性购买之前，品牌的忠诚度会更容易受到外界因素的影响；形成了相对的品牌忠诚度后，消费的偏好已经基本形成，但是也有可能受到外界影响。一方面，企业的品牌可以满足一个群体的一般性消费需求，但对于同一群体的细微的需求未必关注到，而且一个品牌也不能完全满足消费者的多样化的需求；另一方面是替代性产品的增多和消费者对替代性产品的获得性更加容易，这是互联网经济冲击"品牌忠诚度"的重要原因。

"这是个博爱的时代"。互联网技术的发展和商品的极大丰富，消费者可选择的途径增多，"货比三家"更加容易，也更加激发了消费者追求多样化的潜在需求，使得消费者对品牌的忠诚度降低，求新的体验式消费可能更受消费者的欢迎。

（四）现实性和理想性

消费者不止有一种自我的概念，而是有多种类型的自我概念。包括消费者如何实际看待自己的实际的自我；希望如何看待自己的理想的自我；消费者感觉别人如何看待自己的社会的自我；消费者希望别人如何看待自己的理想的社会自我；消费者期待在将来如何看待自己期待的自我。

自我概念和其分类对于消费者的消费在理想和现实之间的选择和决策有着重要的参考价值。消费者在进行选择商品和服务时，不仅仅是为了获得其基本的功能性效用，很多情况下是为了获得其象征性的价值，这构成了消费者进行选择的基础。在互联网经济的条件下，消费需求的理性满足更容易使得消费者自我的现实性和理想性统一起来。

互联网经济下，消费者的成熟度迅速提高，理性消费逐渐成为消费者的消费特征。互联网经济下“人人都可成为专家”。一是互联网时代的消费者没有对高科技产品的畏惧感，因为互联网经济本身就是伴随着科技创新发展起来的，对于伴随着互联网经济成长和发展的网民消费者来说，对于高科技的认识和了解是同步的，互联网的平台性特征让消费者有着快速获取任何科普知识的便利渠道，消费者能够迅速了解商品的特性，对所谓高科技的“陌生感和畏惧感”在互联网经济下成为日常科普的常态；二是互联网经济让消费者的选择更具多样性，这种选择多样性的结果是带来更多的消费理性，消费者可以充分地对商品的性价比进行分析，择优选择，充分满足自己的理想和现实的消费需求；三是选择方面更加注重产品提供的价值及利益，这种利益和价值可以是消费者认可的任意商品和服务，但是都是在自己相对理性的分析的基础上，“跟风”可能跟随的是风格和时尚，而不是“一帮哄”式的购买，人们的消费更加理性。四是互动性需求。互联网经济下的互动性需求特点可以表现在两个方面，即互联网平台的互动性和消费者的需求与供给的互动性。

一方面是互联网平台的互动性特征。互动性作为互联网的本质属性之一，一般是从媒体属性的角度分析的。除了面对面的交流外，传统的媒体和工具无法像互联网这样让人与人之间进行多方位的互动。报纸、广播、电视和杂志等传统的四大媒体，主要是进行信息的单方面传递，配合着多种媒体也可以进行双向交流。例如，如果想就报纸上的内容和观点进行交流，可以采用通信、电话等方式，但这种交流不具备即时性。电信技术早期追求的目标是在全球任何角落都可以“听得见（打电话）”，通信技术的发展让人们沟通方便起来，但是仅仅是声音的互动，过于单一，视觉并没有互动起来。现在的目标则是在全球任何角落甚至外层空间都可以“看得见（可视化）”。

互联网使人的整体感觉得到延伸。听觉、视觉，在电视、电话和互联网的三网融合中，互联网是兼具可视和可听功能的传输工具，可视性、可听性和即时性让人们在沟通中的真实感增强，可信度提高。在与外界的互动中，物联网的发展让人的感觉进一步延伸，在味觉、触觉和嗅觉等方面，也让远距离的人在沟通和传输中有了突破性的进展。如工业中的“电子鼻”，就是模拟动物嗅觉器官开发的新产品，在气味识别和监测领域有着重要的价值和运用。而物联网的传感器让人们的触觉得到了延伸，在网络传输之下，使人的触角能够缩短距离、跨越空间，极大地提高了人与人之间和人与物之间的互动性。互联网具备这样的媒体性和工具性的特性。

另一方面是消费者的需求与供给的互动性。互联网经济下的互动性除了体现在基于互联网的互动性外，还有就是互联网经济下的消费需求对于供给的互动性。这是互联网的经济和产业属性。需求方主动地参与意见和建议的产品，其满足需求的程度会更高，尽管可能不专业，但足够个性化，因为需求本身就具有主观性较强的特点。互联网经济下的需求方为了让自己的需求得到充分满足，会较为积极地参与到与卖方的互动中，而卖方为了更好地了解和占领市场，也更加关注和积极地与买方互动，二者在互联网的平台会产生更多的交集。

“我要充分参与”是互联网经济下需求市场的特征表述，互联网以其特有的信息技术和服务平台，使得信息沟通相对充分，互动式的消费比较流行。消费者善于和乐于主动选择信息并且乐于进行双向沟通。消费者希望通过网络展现自己的想法，在商品的选择上更希望自己能够参与意见，他们会把自己对产品外形、颜色、尺寸、材料、性能等多方面的要求直接传递给生产者，充分体现了互动性的消费特征（图 4–2）。

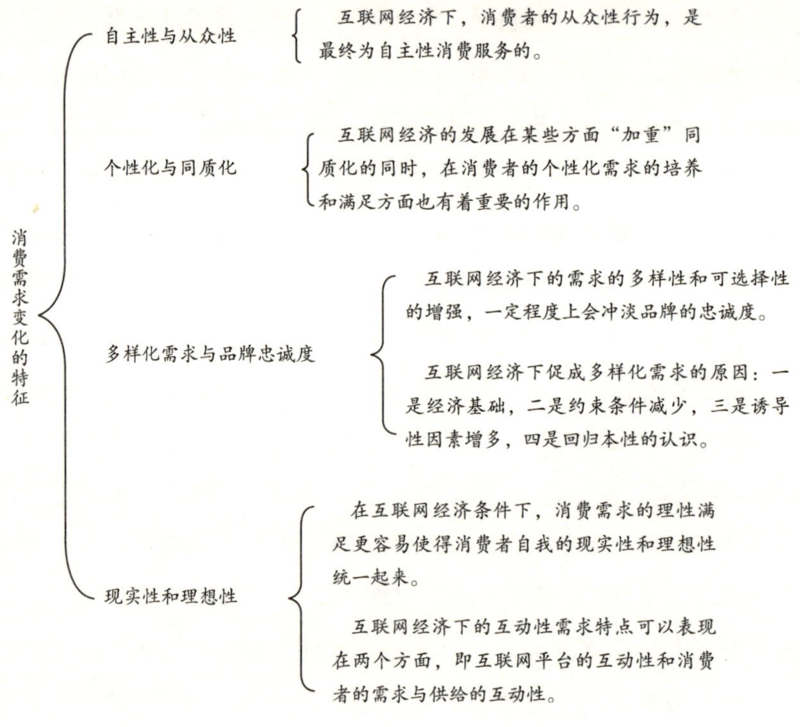

图4-2　消费需求变化的特征

三、突破困境的途径选择——供给侧改革的践行

“供给侧结构性改革的根本目的是提高社会生产力水平，落实好以人民为中心的发展思想。要在适度扩大总需求的同时，去产能、去库存、去杠杆、降成本、补短板，从生产领域加强优质供给，减少无效供给，扩大有效供给，提高供给结构适应性和灵活性，提高全要素生产率，使供给体系更好适应需求结构变化。”供给侧改革的根本目的是提高社会生产力水平，增强经济持续增长水平。把改革的目标定位为提高社会生产力水平，从立意上看，供给侧改革不是局限于解决某一个或者几个问题而进行局部的、短期的改革和创新，而是站在经济的可持续发展的角度提出的一种全局性的改革思路。供给侧改

革要解决的主要问题是经济发展中的深层次的结构性问题。当前主要解决的是产能过剩问题、企业高成本问题、房地产库存问题和金融风险问题。在中国的供给侧改革中，对待需求有“二适”，即适度扩大总需求，提高供给结构适应性和灵活性，使供给体系更好适应需求结构变化。一方面，进一步确认了需求的拉动作用和与供给相呼应的地位，强调扩大总需求的方向没变，但是在如何扩大、扩大的幅度方面要注意“适度”，即注重效率和效益的高度统一。另一方面，供给侧改革目的是使供给体系更好地适应需求结构变化，供给结构的适应性和灵活性的要求主要对应的是需求结构的变化，更加强调二者的协调统一。从企业的视角践行供给侧改革主要是完善企业的组织机构和制度安排，适应和满足消费需求的变化和特征（图 4-3）。

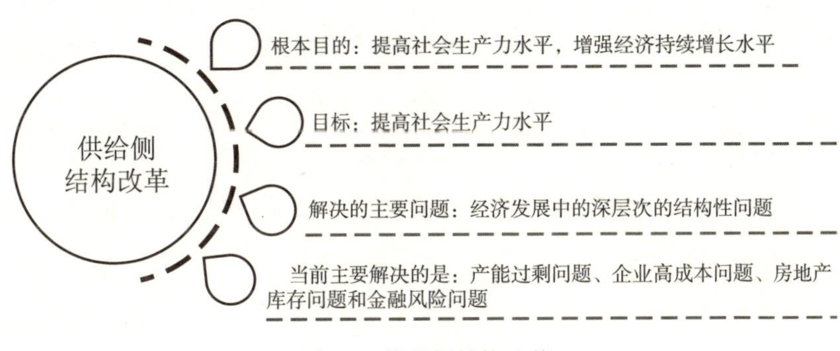

图4-3　供给侧结构改革

第五章 企业时尚化的动力和市场机会

一、企业时尚化的本质

企业时尚化的本质，就是从供给侧改革的视角，创造性地提供符合时代特征的产品和服务，适应和引导消费需求的变化。它包含三个方面的要义，第一，企业对时尚消费需求有着较为全面和清醒的认识；第二，在清醒认识的基础之上，有着较为强烈的满足时尚需求的愿望；第三，在前两者的基础之上，有能力做出主体性的变革，无论是组织机构还是企业转型、战略定位等，并具有明显的实施效果。企业的时尚化，是主观愿望、组织能力和实施效果的结合，三者缺一不可。

前面分析的消费需求的变化，自主与从众、个性化、多样化与品牌忠诚度、现实性和理想性以及互动性的这些特点，更多的是从服务方式、服务范围、服务的主动性和全面性等精神层面的满足。

在现实当中，很多企业能够充分意识到时尚的重要意义和作为增长点的可能性，但不一定付诸行动，或没有能力进行时尚化的转型。也有的企业有着较强的资本和组织能力，但对于时尚化的转型不认同、不认可，这些都不能够真正促成企业的时尚化转型（表 5-1）。

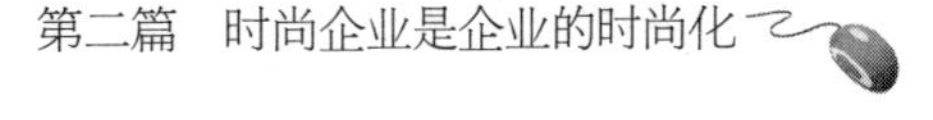

表 5-1　企业时尚化的本质

本质	要义
从供给侧改革的视角，创造性地提供符合时代特征的产品和服务，适应和引导消费需求的变化	企业对时尚消费需求有着较为全面和清醒的认识 在清醒认识的基础之上，有着较为强烈的满足时尚需求的愿望 在前两者的基础之上，有能力做出主体性的变革，无论是组织机构还是企业转型战略定位等，并具有明显的实施效果

二、企业时尚化的驱动力

企业的时尚化，首先要清醒的认识消费需求的这种变化和特征；二是拥抱最新的技术、平台和渠道；三是用新的思维新的模式，开拓新的业务来满足消费需求。

首先要清醒地认识消费需求的变化和特征。消费需求的变化主要反映在消费过程中的痛点和盲点上。近年来互联网技术的发展，人类正在进入网络时代，电子商务以及平台经济，极大地丰富了产品和服务市场，人们一般性的消费需求都得到了基本的满足，同时也衍生了更多的、更多样化的消费需求。正是在这个时代，压抑千年的“商业热情正在井喷”，结合现代科技，在生产领域、流通领域产生巨大的变革，商业模式正在引领商业的创新型发展。而在消费需求的满足过程中，呈现出边际效应递增的现象，即随着消费者对于商品或劳务消费量的增加，消费者获得总效用增加的同时，边际效应也是增加的。边际效应的这种增加体现在延伸出更多的消费需求上，包括产品和服务本身，也包括衔接供给者和消费者之间的渠道和服务条件。这样在供给的服务过程中，容易发现满足不了的消费者需求的痛点或盲点，而痛点和盲点恰恰是商家改进服务、创新服务模式、满足消费需求变化的核心，企业要清醒、敏感而又系统地梳理和认识这样的痛点和盲点，为改进和创新服务模式、满足消费需求奠定基础。

其次，拥抱最新的技术、平台和渠道。现代技术的发展，尤其是互联网技术的发展，速度、规模和范围的影响力已经超出了人们的想象。我们无法预计下一项技术的突破将会在哪儿，也无法精确的判断技术突破所带来的商业变革究竟有多大，但我们可以预言，如果不紧跟时代潮流，拥抱这样的技术、平台和渠道，我们终将会被淘汰。平台经济是基于平台的经济现象，它具有开放共享的平台性效果，而且自带流量，能够为企业提供很好的支撑性服务，能够有效的促进交易、分享信息、充分交流和沟通，具有典型的新时期的现代服务业的特征。在2016年的政府工作报告中提到，“当前我国发展正处于这样一个关键时期，必须培育壮大新动能，加快发展新经济。要推动新技术、新产业、新业态加快成长，以体制机制创新促进分享经济发展，建设共享平台，做大高技术产业、现代服务业等新兴产业集群，打造动力强劲的新引擎。运用信息网络等现代技术，推动生产、管理和营销模式变革，重塑产业链、供应链、价值链，改造提升传统动能，使之焕发新的生机与活力。”

再次，用新的思维新的模式开拓新的业务来满足消费需求。创新往往发生在交叉的边缘地带。而协同创新是当前互联网经济下重要的创新模式，它以合作和分享突破原有不同主体间的壁垒和隔阂，以求同存异的姿态进入全方位多样化的交流与协作，找寻彼此间的共同目标，从而实现人力资源、资本、信息技术等要素的深入合作。而协同创新的核心就是分享与合作。进行分享与合作的前提，要具备跨界的思想。当某一学科知识无法或无意对某些重要问题进行研究和认识时，采用他山之石的思路加以启发，可能会得到问题的答案。人类很早就开始进行跨界，形成了很多跨界成功的学科和领域，如化学物理交叉形成的物理化学和化学物理学，化学与生物学交叉形成的生物化学和化学生物学以及进化金融学等，这些跨界成功而形成的交叉学科和领域极大促进了社会和科学的进步。企业要想具备新思维的模式，开拓新的业务，就要用跨界的眼光去发现机会，用跨界的思维去整合资源，打破思维框架原有的条条框框，放眼更广阔的领域寻找机遇。例如，二维码本来使用一组数学意义上的二维空间阵列，由码词构成的几何图形来表示和存放信息。它区别于传统的电磁信号信息载体，而是以图形为载体，是可以完全暴露的图形，可以嵌印在介质上。二维码被广泛应用于工作生活的很多方面，诸如报道注册或签到系统、银行电子支付的支付媒介、信息的识别和追踪、共享单车的身份识别等，有人感叹，打败锁匠的并不是同行，而是跨界而来的攻击。本书将在后面解析一些跨界和创新成功的案例。

简单地说，企业的时尚化是不断地进行消费需求的创新。即运用创新型的思维模式，结合最新的技术、平台和渠道来满足和重新认识消费需求的变化。

时尚产业的发展给传统企业带来压力，也使其增添了使命感。市场的时尚化转变也给传统企业注入了新的活力。时尚产业的发展给企业带来了更多的市场机会。而企业时尚化已经成为一种趋势和潮流。时尚企业仍然是一个范围宽泛、内涵丰富的概念。它来源广泛，可以来自于各个产业；它不拘一格，可来自于各个类型的企业，任何企业都可以走时尚化路线，也都可以成为时尚企业（图 5-1）。

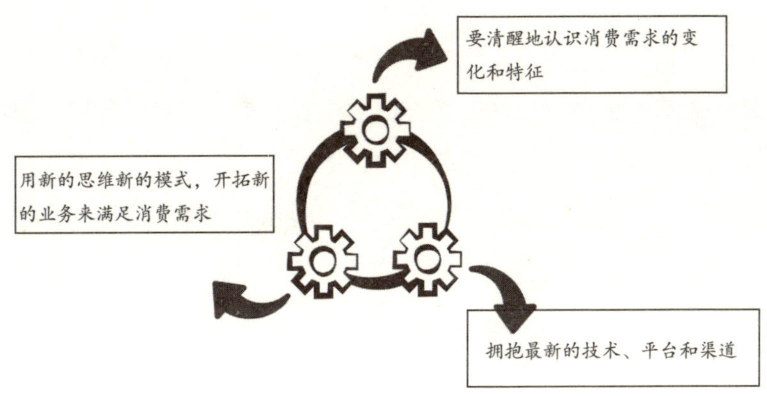

图5-1 企业时尚化的驱动力

三、企业时尚化的市场机会

时尚发源于对人体进行装饰和美化的个人时尚用品与服务，随后渗透于美食、消费类电子产品、汽车、运动旅游、动漫影视和建筑街景等人们生活的方方面面，是促进消费升级、增强人民群众获得感、幸福感、推动中国经济实现高质量发展的强大动力。时尚的发展给企业带来的机会，一方面体现在时尚对国民经济社会发展的作用，符合国家支持政策；另一方面体现在时尚为市场提供更多的支持和服务。我国社会的主要矛盾已经转化为人民日益增长的美好生活需要和不平衡不充分的发展之间的矛盾。时尚通过促进消费升级，增强人民群众的获得感和幸福感，来不断满足人们对于美好生活的需要，同时通过新产品、新业态、新模式的创新和传播，极大地缓解了不平衡和不充分发展的问题，是实现和推动中国经济高质量发展的强大动力。2018年《中共中央国务院关于完善促进消费体制机制进一步激发居民消费潜力的若干意见》指出了构建更加成熟的消费细分市场，壮大消费增长点的几个方面。结合文件精神，针对时尚领域的发展和消费升级的关系谈几点看法。

第一，促进实物消费不断提档升级。时尚领域关注人们的衣食住行的质量和标准，满足人们的对生活的美好的需求和愿望。它更加强调的是商圈的建设，文化氛围的建设，以及服务设施、服务模式的完善。它可以通过信息消费的新产品、新业态、新模式来进一步推动和加强技术研发，推动产品创新和产业化升级，通过创新的发展来满足人民群众生活需求的各类便民惠民生活类信息消费。绿色消费是具有时代特征的价值观念。时尚领域作为当代文化的具体表现，可以建立和完善绿色产品的多元化供给体系，在生产的源头供给，绿色商场、绿色饭店、绿色电商等流通性供给方面，以及观念倡导、宣传、教育等方面，有巨大的作用空间。

第二，推进服务消费持续提质扩容。这部分内容包括文化旅游、体育性消费、健康养老家政消费、教育培训托幼消费。推动互联网、大数据、人工智能和相关产业深度融合，创新服务模式，如通过社交媒体来实行精准的服务推送。改善客户服务，增强客户体验，提高行政效率，降低人工成本。同时通过减少创业人才的低效重复活动，使之把时间和精力真正投入到最有价值的创新部分。加快发展现代服务体系。根据国际的标准，促进产业链迈向全球价值链中高端，尤其是在研发设计领域。增强文化内涵，做好文化挖掘工作，推进文化传播，用文化来架构现代服务体系的核心内涵。在这些服务性消费领域，时尚领域可以结合着自身传统和现代的优势，深挖传统文化的时代性特征，创新服务模式，把传统文化元素，有效的融入旅游、体育、养老、家政以及幼儿教育领域之中。

第三，引导消费新模式加快孕育成长。时尚的特点决定了其在传播过程当中具有较强的引领性、示范性、追随性。其时代性和创新性决定了时尚能够迅速抓住时代元素的核心，提出、倡导、引导并传播最新的消费模式，在互联网时代，信息技术、平台经济、网络经济的发展让网络消费、定制消费、体验消费、智能消费等时尚类消费成为新的消费热点，以 AR、VR 为代表的增强消费者体验、加强情境模式、个性化设计和柔性制造等产业将发展迅速，而时尚领域将会在这些方面更具用武之地。

第四，推动农村居民消费梯次升级。推动农村居民消费体制升级，不仅仅是三农问题的重要方面，同时也是缩小城乡居民差距，弥补人们日益增长的美好生活需要和不平衡不充分发展之间矛盾的重要方面。随着我国城镇化进程的加快，平衡城乡之间的消费结构、消费层次的差距，已经成为一项重要的内容。时尚传播的三种途径中，由核心进行发散的传播模式起到重要的作用。鼓励和支持消费新业态、新模式向农村市场迅速扩展。同时，时尚也可以提炼农村的生态环保、绿色健康的消费模式，同频传输回来，形成良好的城乡互动，共同发展。这样也有利于为时尚的发展拓展出新的路径和融入新的元素。如现在的网红李子柒，她的作品题材来源于中国人古朴的传统生活，以美食文化为主线，主要围绕着衣食住行方面展开，取材农村和山区，向人们展示了古朴、自然的原生态式生活，因其作品中的积极向上，热爱生活的态度和正能量的奋斗精神，曾被官方微博等诸多主流媒体表扬（图 5-2）。

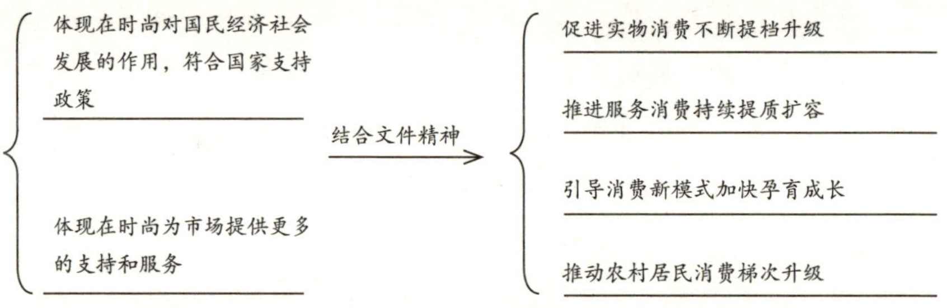

图5-2 时尚的发展给企业发展带来的市场机会

第六章　时尚企业的特征和作用

一、时尚企业的界定

时尚企业可以这样来描述：以文化为基础，创新为核心竞争力，研发、设计、加工制造、销售、传播具有时代价值观的产品或相关服务，重在满足人们精神需要，以盈利为目的的社会组织。

第一，时尚企业可以是供应链环节当中的任何一个节点，而不仅仅局限于设计展示和销售。例如研发环节原材料的构成。流行色的发布以及新材料的研发。而媒体和相关服务也是构成时尚企业的必不可少的一个环节，它不是外部的因素，而是内部化因素。

第二，文化特质和时代价值观是时尚企业、时尚产品的本质特征。这是由时尚的本质属性决定的。

第三，重在满足人们的精神需要。时尚与文化的属性决定了人们的精神需要是其主要的服务对象。具体可以通过时尚企业的特点来分析（表6-1）。

表6-1　时尚企业的界定

<table>
<tr><th colspan="2">时尚企业</th></tr>
<tr><td rowspan="3">是以文化为基础，创新为核心竞争力，研发、设计、加工制造、销售、传播具有时代价值观的产品或相关服务，重在满足人们精神需要，以盈利为目的的社会组织</td><td>时尚企业可以是供应链环节当中的任何一个节点，而不仅仅局限于设计展示和销售</td></tr>
<tr><td>文化特质和时代价值观，是时尚企业、时尚产品的本质特征</td></tr>
<tr><td>重在满足人们的精神需要</td></tr>
</table>

二、时尚企业的特征

（一）时代感的产品设计

时代感体现的是一个时代背景下人们的价值观念和价值取向，它是人们进行决策判断的指导思想和价值前提，也是在一定情境中指导人们行动和判断的总体信念，它属于文化领域的概念。时代感的产品设计，主要体现在时尚企业提供的是符合当代人价值取向的产品和服务。当前的时代具有其特殊性。这是一个科技创新的时代，从来没有一个时代对于科技的力量认识这么深刻，从科学技术到产品和服务的转化周期极大地缩短，以应用为导向，引领科技创新，技术性产品的迭代效应明显，从科技创新到具体的商务模式变革，呈现几何倍数的递增，人们的知识层次、学习能力不断增强，人们以各种方式，能够迅速了解并掌握一个技术的本质，对技术的态度也由隔阂变为拥抱，人们愿意使用、试用技术创新带来的最新成果、最新产品。这是一个多元文化交融的时代，互联网、信息技术的发展让人们有更加便利的渠道进行交流、增进了解，网络上积累的庞大的资料和数据资源让人们能够迅速了解不同区域的文化差异，在多元文化交流和碰撞的过程中会产生更多的创新、创意，这种创新创意的叠加之下，更加加重了多元文化的时代特征，不同风格、不同背景、不同载体的创意文化产品丰富着这个时代的整个供给。这是个包容的时代，人们对于异己的文化观念、价值取向、产品服务，有着求同存异、相互尊重的基本姿态，并能够包容那些小众思想，亚文化构建的价值取向、行为方式、生活态度。这也是一个小众为王的时代，互联网长尾效应之下，原本被忽略、被代表的小众需求得以发出自己的声音，“我”就是“我”，而不能被“我们”所取代。追求独立自主、个性的声音在这个时代尤为响亮，人们的自由意志可以更大地发挥和发展。这是一个公平正义的时代，自媒体的发展，拿起手机，拍摄社会的美好或者不公平的事物，以自己为平

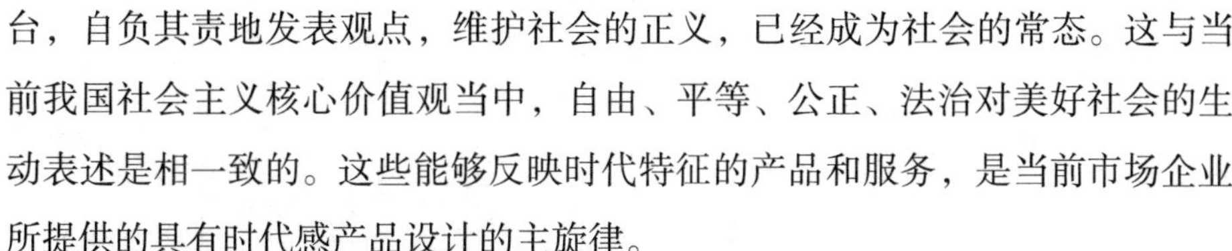

台，自负其责地发表观点，维护社会的正义，已经成为社会的常态。这与当前我国社会主义核心价值观当中，自由、平等、公正、法治对美好社会的生动表述是相一致的。这些能够反映时代特征的产品和服务，是当前市场企业所提供的具有时代感产品设计的主旋律。

（二）以创新作为核心竞争力

时尚永远也不会过时，一个时代、一个时期、一段时间，都会有不同的时尚出现，而时尚能够时时保鲜的原因在于它的创新，创新也是作为时尚企业的核心竞争力，也许有的传统企业也在讲创新，但与时尚企业定位的外部压力和内在动力相比，所有时尚企业都会把创新作为其核心竞争力。时尚企业创新的动力一方面来自于其盈利性的根本目的，使自身的经济利益最大化，需要不断创新；另一方面来自于时尚企业的自身定位，创新已经成为时尚企业的标杆和立足于行业的根本标志。而时尚企业的创新动力来自于内部和外部因素。从外部因素来看，可从时代的变化和由此带来的社会经济体制的变革驱动来分析。

第一，新时代的驱动。改革开放以来经济体制发生着转变，市场经济的内在诉求要求商品经济意识渗透到社会生活的各个领域。在这样的大背景下，企业必须全方位地了解外围环境，自身优势、劣势、机会、威胁，根据社会的变化推陈出新，包括创新产品、创新工艺、创新原料、创新市场、创新组织，创新管理、创新制度等。

第二，新零售的驱动。互联网、大数据、人工智能等先进技术融入生产、流通和销售过程，并不断地重塑业态与生态圈。对于产品供应链的各个环节，不断提出创新的要求来适应这种变化。从内部的驱动因素来看，其一，企业家的创新能力，这是极为关键又极容易被忽略的一个因素，在时尚企业，企业核心成员的价值非常大，他们是关键少数，尤其是时尚企业的发起人、掌舵人，他们的企业家精神是企业文化创新的灵魂，而他们创新意愿的强烈与否，对于企业的创新文化具有决定性作用，他们可以通过权力、感召力和精神来培养和建立有利于创新的文化氛围，并通过自己卓越的管理才能创造性地运营资源、开拓市场、加强创新。其二，企业的内部研发。对时尚企业来说，创新设计和研发机构，是整个企业的核心，也是其价值的最终体现，在这样的机制下，他们会不断推陈出新，形成内部的、良性循环的创新氛围。其三，企业内部的文化环境。时尚行业首先是一个文化产业，文化企业和企业文化是一个问题的两个方面，一个不具备企业文化的文化企业是不可能成功的，成功的时尚企业都很注重内部企业创新文化氛围的塑造，它如同一只无形的手，以无声的方式，规范着员工的行为，支配着他们的愿景，而这种文化一旦形成，它的作用机制将会长远地为其创新提供精神动力、行为准则，文化氛围。

（三）满足和引导消费者需求

前面分析过，时尚具有消费性，它更加侧重于精神性消费。他在满足人们物质和精神需要的同时，更多的是承担着引导者的角色。这可以从几个方面来分析。

首先，人们对美好事物的追求，是时尚崛起的内在因素。对美好事物的追求是人的天性，这是一种精神向往，往往人们并不能计划，到底什么才是真正的美好。也许表现方式很多种，而这种对美好追求的满足，是通过时尚企业生产的时尚产品或服务来实现的。而这种满足，一方面是时尚产品，它满足了人们内心的向往和需要，另一方面是时尚企业，它创造市场产品，引领或培育人们的消费需求，让人们认同这种价值观和时尚风格，形成引领和引导消费的潮流，这才是时尚企业所追求的目标。

其次，本书在介绍时尚传播的三种渠道时，提到了自上而下、自下而上和平级传播。而自上而下一直以来是时尚传播的主要渠道，因为它是由业界领袖、经营人物、社会领域中具有较大话语权的精英人群所形成的风格和特色，这种风格和特色更容易引起人们的向往，引发虚荣心理和满足心理，因此其在传播过程中会引领和引导消费需求的变化。而在自下而上和平级传播过程中，无论是下级还是平级，能够形成市场的，一定是经营式的表达方式，具有时代价值观、较强创新意识和能力的行为方式或模式，才能够被接受、

被模仿，进而被传播，而这种方式也是以自身特点去引导消费者的一种方式。

第三，结合时尚的创新性，时尚企业注重创新，就必须与最前沿的技术、趋势、模式、业态相结合，它们对前沿性的认识和把握是站到了时代的前端，有能力也有义务起到培育和引领消费者的作用，同时在引领的过程中，先在消费者中树立独特的形象，有助于其实现最终的盈利目的。

（四）注重时尚的传播性特征

时尚有着较强的传播性要求，时尚的形成过程，就是模式和风格被定式化，然后逐步被人们接受和推广的过程，这个过程就是传播的过程，在时尚发展起来之后，对于传播的要求越来越高。酒香也怕巷子深，对于时尚这样主要满足人们前沿性需求的行业，让人们认识、认可并加以协助推广，是基于时尚的本质属性提出的客观要求。因此，伴随着时尚的发展，传播时尚的媒体行业也发展起来，而且媒体也一直是时尚的宠儿，甚至是时尚的代言人，通过传播媒体来表达时尚的设计理念、价值观念、流行趋势，从而形成时尚的跟风效应和从众效应。而媒体行业也理所当然地成为时尚的有机组成部分。而且时尚具有的传播性特点，其本身的发展就需要定期发布时尚信息，传播时尚理念，传播时尚思想，提炼时尚精华，满足人们的时尚需求，培育时尚消费观念。无论是自下而上还是自上而下或是平级传播，时尚的传播特点都显露无遗。而且随着互联网技术的发展，对于时尚的传播方式，传播载体表现形式也提出了更高的要求，如何能高效的、全息地去展示时尚，如何能够结合手中最广泛、效率最高的平台去传播时尚，如何在传播过程当中满足人们互动性的消费需求，成为新时期时尚传播的重要问题。

（五）时尚企业身份的多重性

由于时尚没有严格意义的界定，外延很宽泛，与各个产业都有融合的边界。在前面界定时尚的时候已经提及，时尚更适合作为领域来研究，因为缺乏产业的边界和界定标准，所以很难量化市场产业的内容体系和数量指标。而时尚企业作为时尚产业的有机组成部分，在现实中更是拥有着多重身份。它们来源广泛，可以来自于不同产业，如第一产业的农业的生态农业的种植，第二产业工业和建筑业的工业设计、产品研发，也可以来自于第三产业服务业的服务模式的创新等。时尚企业也可以来自于供应链上任何环节的创新型企业，它可以来自于原料研发、产品设计、智能生产和商贸服务，这些环节都可以变得更加时尚，从而成就时尚企业的魅力。它也可以来自于不同的行业，包括前面列举的时装、鞋帽、皮具、服饰、美容、珠宝、家居等。来源的广泛性标志着时尚企业身份的多重性。它可以是一个科技型公司，也可以是一个生产型企业，还可以是一个纯服务性的企业。

时尚企业的多重身份这个特点，一方面，使得时尚企业的量化问题更加复杂，例如，一个生产型的时尚类企业，把它所有的产值作为时尚企业的产值，显然是不科学的，因为它还有简单的原始加工和不具备时尚性特点的部分，这样会造成对于时尚企业的量化数值偏高或者不准确。另一方面，转型为时尚型企业的企业，无论是它原来有几重身份，它一定是该领域当中的佼佼者、前沿者，这是由前面界定的时尚企业的特点决定的，这也是我国部分企业转型升级过程中，把时尚性的定位作为手段和方向的重要原因（图 6-1）。

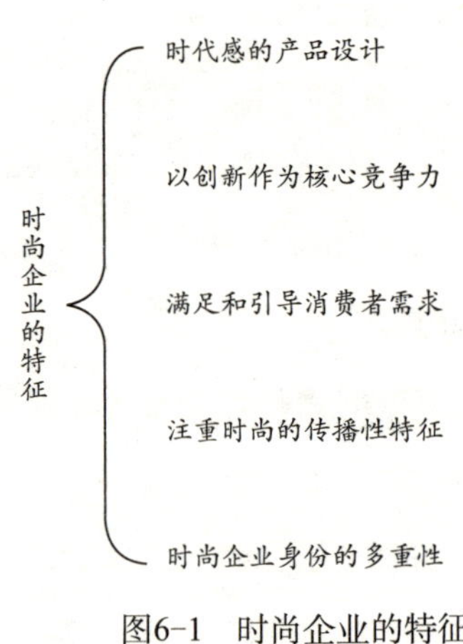

图6-1　时尚企业的特征

三、时尚企业的作用和使命

（一）时尚企业的使命

创新

创新是时尚企业最本质的特征，也是时尚企业的使命。虽然时尚企业没有具体的判定标准，如果时尚企业不能够有效的应对消费需求，尤其是精神文化的变化，如果不能够结合着最先进的技术生产方式和流通方式，那么它就失去了作为时尚企业最根本的存在价值。时尚具有永不落后的含义，这就意味着它要不断的进行创新。从这个意义上说，创新是时尚企业的使命。

传播

时尚的背后是文化，时尚是文化在当代的显性表现。时尚企业是文化企业，它需要设计一种风格，并通过产品服务等形式去传递这种风格背后的精神表征、文化意义和价值观念。我们的日常消费包括衣食住行，如果仅仅取用衣服的保暖和蔽体功能，那么它仅仅是日常生活用品，而如果赋予它民族、区域、身份群体等属性或特征，那么就可能会形成中国风、民族风、职业装、休闲装等文化意义的风格，时尚通过服装这一载体，传递出了不同的文化或工艺特质，满足人们基本功能之外的精神需求，从这个意义上说，服装才是一个时尚产品。每一个时尚企业，它的时尚产品或服务总是要传递一种文化要素，且文化也是需要真正的载体去呈现和传递，而最代表时代性特征的载体就是时尚企业，所以时尚企业是作为文化传播的载体来创新和传播文化，这也是时尚企业存在的意义和重要使命。

精神性需求的满足

满足人们的精神性需求，这是界定时尚企业的重要标准，也是时尚企业的重要使命。时尚企业需要创新，也需要传播文化理念，但主要的服务对象，还是人们的精神性需求。正如前面所说，我更建议把时尚作为一个领域研究，因为，企业的时尚化可以融合各个产业领域、环节部门，我们很难在数值上去割裂地区分传统部门和时尚企业的产值，因为人们在消费产品和服务的时候，既满足着基本物质的需要，也满足着精神方面的需要，但时尚企业所要秉承的是满足人们的精神需要，否则它与传统企业将没有任何差别，所以满足人们的精神性需求是时尚企业的重要标志和使命。

（二）时尚企业的作用

经济发展的助推器

企业集合构成产业，产业的集合构成经济形态，这里所谈时尚企业是经济发展的助推器，重点分析的是时尚企业的集合，即时尚领域对整个经济的影响。下面从新旧三驾马车的驱动来浅析一下这个问题。

旧的三驾马车，为投资、消费和出口驱动。其中投资的驱动，主要指的是财政支出，它对于总需求的总量和结构产生的影响主要是直接影响，通过增加投资来扩大社会的生产能力。一般来讲，适度的投资增长可以促进经济的持久发展，而增长过快可能引发经济过热，增长不足可能会减缓经济发展。一般用百分比表示投资对经济增长的贡献，即投资拉动率 ×GDP 增长率，投资拉动率，即投资对 GDP 增长的拉动率，通常指在经济增长率中投资需求拉动所占的份额，也称投资对 GDP 增长的贡献率。消费驱动指的是内部需求，是指本国居民的消费需求。这是经济发展的根本动力，消费需求是经济增长的真正最终需求，而满足消费需求是生产的目的，可以创造出生产的动力，刺激投资和经济发展。一般用百分比表示消费对经济增长的贡献，即消费拉动率 ×GDP 增长率，消费拉动率，指消费对 GDP 增长的拉动率，通常指在经济增长率中消费需求拉动所占的份额，也称消费对 GDP 增长的贡献率。而出口主要依靠的是外部需求，即本国企业产品进入国际市场，扩大自己产品销售，与内需相比，出口是外需，二者是相辅相成的。出口拉动的增长率表示为：净出口拉动率 ×GDP 增长率，净出口拉动率，又称净出口对 GDP 增长的拉动率，通常指在经济增长率中净出口拉动所占的份额，也称净出口对 GDP 增长的贡献率。

新型的三驾马车主要是针对当前和今后一段时间内，拉动经济发展的热点领域和方向，包括新型投资、新型消费和“一带一路”。新型投资主要包括三个方面：公共消费型基础投资、产能的绿化与产业转型以及养老产业；新型消费主要指文化、休闲、旅游、健康、教育、信息、环保、新能源等方面；而“一带一路”重点是发挥地区特色和优势、开展深度的经济和文化等多方面交流。

概括起来，新型三驾马车促动经济的发展方式可以归纳为：创新驱动、关注民生、发挥地区优势。其中的创新驱动，重点是发挥最先进的科学技术，关注最前沿的投资领域，采取新技术、新业态、新模式，积极为经济增长和发展增加新的动力；关注民生，重点是在拉动消费需求方面，尤其是消费升级，重点是精神需求的满足；发挥各国区域优势，更深入地开展国际合作，重点开发具有深度文化附加值的产品和服务，进行广泛的交流和合作。从前面的时尚企业的界定来看，无论是创新驱动，还是消费需求的改变、文化领域的深入合作和深度挖掘，都与时尚领域、时尚企业息息相关，虽然目前无法用精确的数字来表示时尚企业对于经济拉动的贡献，但从经济发展驱动因素来看，时尚企业的作用正在逐步被认可和进一步增强，经济发展助推器的作用正在加强。

企业转型升级的领航员

自20世纪90年代以来，转型升级是产业和企业界提得最多的一个词，而无论产业还是企业，就内涵和本质来说，转型升级的内涵是相同的。即把高投入、高消耗、高污染，低产出、低质量、低效益，转为低投入、低消耗、低污染，高产出、高质量、高效益，把粗放型转为集约型。而转型的核心是企业重新塑造竞争优势，提升社会价值，形成新的企业形态，寻找新的增长点。

一是重塑企业的竞争优势，重点是对消费需求的满足程度和被认可程度，这需要对消费需求具有深入的研究和理解，并愿意为之付出改变，而时尚企业的时尚化立足和转变中具备这样的先天优势，这在上一章中已经提及。满足人们的物质和精神方面的需求，尤其是负载在物质上的精神需求，需要用时尚的视角来分析人们需求的转变，时尚化应该是企业凝聚市场竞争优势的一个重要方向和领域。

二是在提升社会价值方面，传统的规模经济能够基本满足人们的物质需求，但随着消费需求的转变，承载着文化、价值观、审美、情趣的时尚文化类产品，是人们在消费升级背景下的更深层次的需求，而文化企业能够为整个社会和经济提供更多的附加价值。

三是形成新的企业形态。我国的传统企业经历了从代工生产、贴牌生产向原创设计和自有品牌制造发展的转变。思想僵化、墨守成规是无法完成这一重大转变的，时尚企业是具有符合时代价值观和深刻理解消费需求，并愿意为之进行改变的创新型企业，它不断地产生新的业态、服务模式、组织结构，来满足消费需求的不断创新和改变。

文化传播的代言人

时尚企业承担着文化传播代言人的角色。文化具有基础性、广泛性和深厚性的力量，它具有渗透性，思维力、先导力、潜移力、吸引力、影响力、竞争力、创造力、孵化力、和谐力、和合力、感染力，这些渗透在经济、政治、社会等方面，还渗透在为人处世、待人接物等日常思想方式、行为方式、生活方式、审美追求等方面。它影响着国家民族、企业群体和个人的方方面面。党的十八大以来，我国提出了文化自信，而传播中华民族的传统文化和创新文化，这是我们践行文化自信的一个重要方面。在国际交往层面，我国的领导人在进行国际经济交往当中，无时无刻不潜移默化的推广着我国的传统文化，包括瓷器、丝绸、茶叶、民间艺术、特殊工艺等，这些文化成就是以产品服务和艺术的形式呈现的，而把传统工艺文化底蕴融入物质生产中的载体主要是时尚企业。民族区域文化传播层面，在民族文化的传播中，如何挖掘地区优势、区域特色，在具有民族和区域特色的产品和服务中融入现代元素，包装成具有文化特色的产品和服务，把它推广到更广阔的领域和舞台，时尚企业在其中也扮演了重要的角色。在日常的文化创新方面，时尚企业为物质化的产品附加设计师的风格、文化的底蕴和价值观等文化层面的元素，

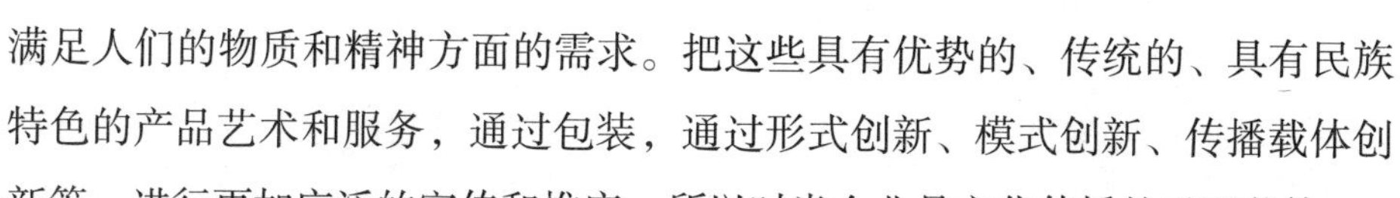

满足人们的物质和精神方面的需求。把这些具有优势的、传统的、具有民族特色的产品艺术和服务，通过包装，通过形式创新、模式创新、传播载体创新等，进行更加广泛的宣传和推广，所以时尚企业是文化传播的重要载体。

应用创新的聚集地

创新是以有别于常规的改造或创造，并获得一定效果的形式。它可以包含更新、创造、改变三层含义。可以笼统地把创新分为技术性创新和应用性创新，而时尚企业就是应用创新的集散地。

从目前情况看，时尚企业的使命决定了时尚企业多数不是以技术创新为主的公司，但时尚企业与新技术和技术创新型公司有着非常紧密的联系。时尚企业是满足人们时尚性的、精神性的需求为主的企业。

第一，人们的精神需求往往比物质需求更加丰富，要想脱离物质条件的束缚，满足更高层次的需求，需要结合精神需求和外部环境来进行创新型的设计。

第二，新技术的发明有着科学的逻辑，但是新技术的应用和推广却主要在社会领域，新技术被接受和被推广的程度受制于它的应用水平、应用程度和应用范围的转化，而这项工作已经不单纯是技术性工作，而是基于技术的应用集成和应用创新，时尚企业就扮演着这样的集成应用和推广的角色。

第三，应用创新是多态性创新。人们的消费需求变化万千，需求的关注点不仅仅是产品本身的质量、色泽、风格，也包括服务的质量和水平，服务的形式、服务的便利性以及方方面面，而这些已经脱离了某一项技术的应用，甚至是综合性在技术某一个领域或某一个方面的创新，而这种创新综合交错，形成了多态性的应用创新特点，比如二维码技术广泛应用于签到、扫描、追踪支付等多个领域和方面，给人们带来了极大的便利，并迅速成为应用最为广泛的技术之一。

现代城市不可或缺的构成元素

中国的城市化进程发展很快。截至2019年，中国城市化率已经达到约60%，城市化是一个国家经济发展水平的重要标志，我国的城市化率虽然较

发达国家还略有欠缺，但近些年提速很快。城市化的发展，有利于城市人口的转化，吸收大量农村剩余人口就业，有利于实现和改善地区产业结构和优化，促进工业生产率，充分利用科学技术的成果提高生产力，有利于促进文化交流，实行区域间的经济平衡等。在城市化发展过程中，除了硬性的经济指标，城市的时尚度、文化的交融和开放程度也是重要标志。时尚产业是都市产业，这在前面已经论述，时尚产业给都市带来经济活力，更是都市形象、都市精神和都市文化的表征，它能够最直接地反映出一个城市甚至国家的价值观念和生活方式。如果说城市化是一个国家经济发展程度的重要表现指标之一，那么时尚产业作为都市产业，就是衡量城市化质量的重要判断标准（图 6-2）。

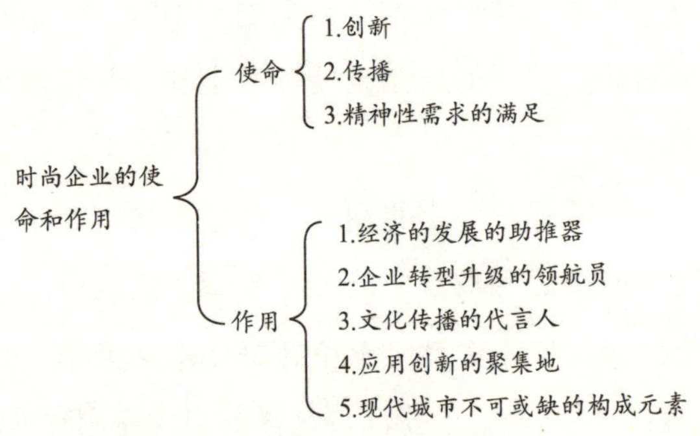

图6-2 时尚企业的使命和作用

第三篇
时尚企业管理

时尚企业管理具备企业管理的一般性特点。同时，时尚企业又具备典型的时尚行业性特点，它有着特殊的目标消费群体和需求定位，所以在满足需求的过程中，需要按照其行业特色来规划其供应链、组织结构、企业文化及特殊人才等管理方式。

第七章　时尚供应链管理创新

每个产业、行业和领域，都有着自己的供应链运作模式，本章试图探讨时尚供应链管理，不是想重新界定一个新时尚供应链管理的定义，而是想结合时尚领域的特点来探讨供应链管理的理论模式在市场领域的应用创新，以此来分析时尚企业管理的特殊性。

一般来讲，供应链是指将供应商、制造商、分销商、零售商和用户连成一个功能性的网链模式，通过对信息、物资和资金的控制，实现从采购、制造到最终产品，最终送到消费者手中的全过程。从企业的角度界定供应链管理，是指以效率和效益为出发点，协调企业内外部资源来满足消费者的需求的动态过程。时尚企业的供应链管理也适用于这样的界定。由于时尚企业具有时尚所赋予的特殊性，所以在供应链管理的具体实践中呈现出不同的特点。

一、时尚供应链管理的跨界

（一）跨界

进入 21 世纪，尤其是随着互联网经济的发展，跨界一词大家已经耳熟能详，它已经成为互联网时代，技术应用、模式创新、新业态发展、多业态、多领域融合的代表名词。跨界并不是新鲜事物，无论是自然科学领域的技术发明和创造，还是社会科学里的文学艺术和社会关系，人们总是从跨界中找到不同元素相互融合，实行创新，最终找到事物最佳、最优或者最适合的解决办法。无论是风车的发明、蒸汽机的制造、苹果砸到脑袋后得到启发的万有引力，还是社会科学中英联邦法律体系中的 12 人陪审团制度，都能体现出跨界在创新思维、解决实际问题中起到的积极作用。

从字面来看，跨界是在保持主体不变的情况下，从一个领域或事物进入另一个不同领域或事物的过程。需要注意的是这里定义的跨界不是转型，也不是转行。例如一个服装企业，看到互联网的迅速发展的趋势，成功转型到了互联网行业，这不是我们界定的跨界，这是转型或者转行；如果一个服装企业看到互联网发展的巨大优势，有效地运用和利用互联网发展壮大自己的本领域即自己的服装领域，这是属于跨界。

跨界的本质是整合和融合，不是抛弃，也不是转变和转型，而是立足于自身的某一项资源与其他资源进行有效的搭配和运用。它的作用体现在：第一，通过跨界融合，可以使企业充分挖掘和利用自己的优势，或者弥补自己的劣势，或更有效地达到自己企业的目的，实现自己企业的价值；第二，通过跨界融合，不同的元素和资源进行搭配和渗透，可以放大资源的使用价值，使得资源得到更充分的开发利用；第三，通过跨界融合，能够让企业更加谨守本心，在复杂的管理当中，通过多种资源多种方式的运用，找到最符合企业价值和利益的方式和方法。

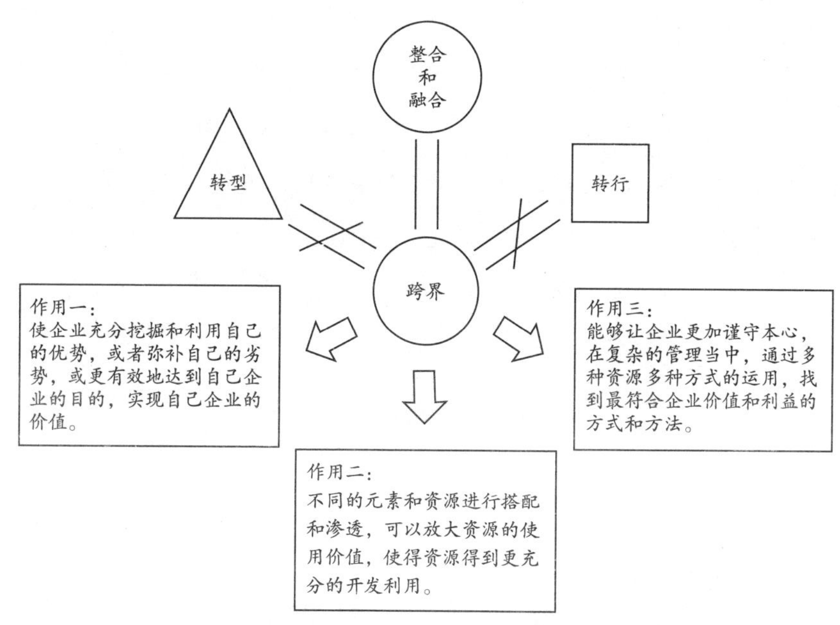

图7-1　跨界

进入互联网时代，跨界融合范围更加广泛，趋势更加显著，特色也更加彰显。究其原因，是互联网的时代，人们的信息链接更广泛，人们获取知识的渠道和方式更便利，人们有更广阔的渠道和平台去彰显自己的智慧和价值。许多源于想象的创意和方法，在信息互通的情况下，得以变成现实。而这些又进一步调动了人们的积极性，形成了跨界创新的浓厚氛围，跨界即无界，形成了席卷人类的一次思想大解放。可以说跨界的理念、合作已经渗透到了各个行业和各个领域（图 7-1）。

（二）供应链跨界

按照供应链跨界融合的方向，可以分成横向跨界融合、纵向跨界融合和多样化跨界融合。在这里先借用一下，横向一体化即水平一体化，纵向一体化即垂直一体化的含义。其中的横向跨界融合，主要指的是与领域内的同行企业或相关企业进行跨界的一种方式；纵向跨界融合，是按照供应链的基本思路，向前或向后进行跨界融合，其按照原材料供应、制造商、分销、销售等环节上下跨界融合；多样化跨界融合，是在横向和纵向跨界融合的基础上，回归了供应链管理的初始使命，立足于效率和效益，协调内外部的资源，来满足消费者的需求的动态过程，内外部的资源无论横向纵向、是否直接相关，以是否能够提高效率和效益，满足消费者需求作为判定标准，多样化跨界融合跨越了横向和纵向的领域区分，这种跨界打破了供应链本身的壁垒，颠覆了上下游、同行的概念，真正实现了供应链管理的全方位创新（图 7-2）。

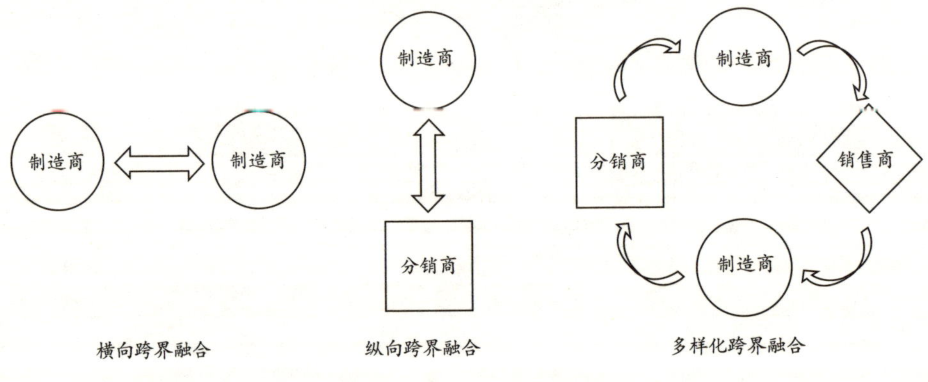

图7-2 供应链跨界融合

（三）时尚供应链跨界的特点

一方面，时尚供应链纵向整合紧密。纵向一体化已经成为供应链管理的趋势和发展的主要方向，时尚供应链在正向整合方面更加显著。一般来讲，时尚企业更加突出的是产品的设计和创意，对原料的供应和加工制作一般采取服务外包的形式，因此跟上游的原料供应和中间的产品制造环节必须保持紧密的联系，这也是时尚企业平衡成本、降低风险、轻公司运作的主要模式。例如，韩都衣舍、H&M、优衣库等快时尚品牌尤为明显。同时，时尚行业周期短、变化快，对于市场的运作要有前沿的敏感性，因此对于下游品牌的运作、渠道的选择有更加紧密的合作要求，从行业企业的客观要求，需要时尚供应链上下游各个环节更加紧密地合作。

另一方面，时尚供应链的无界性特点日渐突出。前面分析，时尚企业是满足人们多样化的消费需求，尤其是精神需求，而时尚企业可以出于多领域和供应链上的任何环节，如流行色的发布、绿色环保材料的提取、符合社会主流价值观的设计风格、新的业务模式、新的业态，这一切都与时尚企业的创新型的定位有关，它需要融入不同的领域元素，来实施供应链的创新。时尚企业的行业特征使得其在供应链管理中呈现出跨界及无界的特点（图 7-3）。

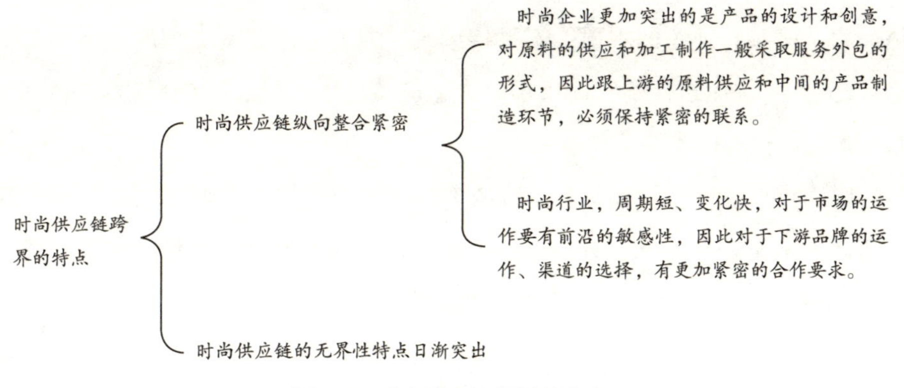

图7-3 时尚供应链跨界的特点

二、时尚供应链的短周期高效率运作

（一）时尚是短周期的运作

时尚领域是短市场生命周期的领域。产品生命周期理论，把产品进入市场到最终退出市场的过程分成了 4 个阶段，即导入期、成长期、成熟期和衰退期。在生命周期的不同阶段应采取不同的营销策略。时尚产品对时效性的要求很高，市场迭代速度快，所以显得市场的生命周期短。尤其是互联网经济的发展，快时尚的崛起，更提出了以速度取胜的市场运作法则。虽然如此，但产品生命周期仍然发挥着重要的作用，即导入期、成长期、成熟期和衰退期仍然存在，从少数人认同新产品的时尚性，进而得以不断传播，得到一定群体大多数的认同，到变成一般性产品，不再时尚和新产品创新，这一循环的周期各个阶段仍然存在，只是时间压缩了。

（二）短周期需要高效率

库存积压问题，一直是企业运作当中的关键问题，尤其是对于时尚企业，为了应对快速反应的市场，必须保持适度的库存。而业务扩张过快，需求的变化速度，导致供应链的不适应。正如优衣库的 CEO 柳井正说的那样："总体而言，时装行业（的本质）不是持续改进或者生产完美无瑕的面料，而是追逐趋势。"快速迭代的时尚市场要求适应型的供应链，即短周期、高效率、快速响应的供应链支持

时尚供应链的短周期提出了高效率运作的要求。一方面，要求供应链各环节之间紧密配合，从设计研发、生产制作、品牌推广、市场运作到消费者手中的这一些的过程，需要在极短的时间内全部完成，供应链需要具有通畅性和各环节协调的顺畅，因此时尚供应链各环节的纵向一体化程度都比较高。另一方面，信息技术、管理模式的应用和创新，也更加有利于提高供应链的运动效率。例如，H&M 采用 ICT（Information and Communication

Technologies）和 OFS（Offer Follow up System）进行内部信息管理和供应链生产进度跟踪。通过环形的信息反馈机制，使销售、库存、采购计划和生产能力变得完全透明，有助于快速响应潮流，大大缩短设计酝酿期，同时降低库存数量。OFS 系统主要针对欧洲供应商，跟踪其供应链的生产进度，通过在生产地—生产办事处的员工结合信息系统对供应商进行严格的质量把关。时尚企业纷纷运用类似运作模式和信息技术进行提质增效的运作管理（图 7-4）。

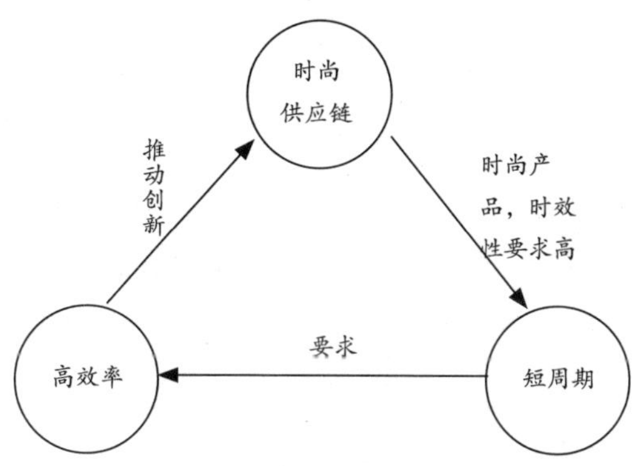

图7-4　时尚供应链的短周期高效率运作创新

三、消费者主权的驱动

消费者主权是指在市场运作的过程中，消费者处于起决定性作用的地位，它与生产者主权或者企业主导性相对应，它反映的是市场上的消费者和供给者之间的关系，它反映的是消费者可以根据自己的偏好和意愿选购自己中意的商品。同时，供给者也会尊重和重视消费者的意见和偏好，尽量为消费者提供其满意的产品和服务。满足消费者的精神需求，本身就是时尚企业的使命。与传统企业相比，时尚企业对消费者需求的关注度更高，同时由于消费主权时代的来临，时尚供应链呈现出消费主导的特征（图 7-5）。

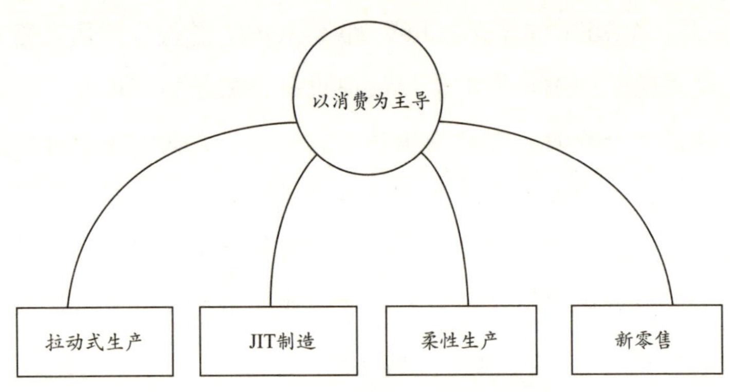

图7-5　以消费为主导的时尚供应链

（一）拉动式生产

拉动式生产，是精益生产的重要组成部分，也是精益生产的特点之一。它强调的是以最终用户的需求为生产的标杆和平衡点，从消费者的需求逆推往上，约束生产和供给的各个环节，是典型的以消费者为中心的供应链管理新模式。这种生产模式下，市场需求是生产的起点，由市场需求决定产品组装的数量、质量标准和规格等，加工、组装决定中间产品，零部件的加工要求和工序，按照这样的模式，依次传递到上一个流程环节。通过这种拉动式生产，可以实现生产的流畅性和产品的准时性，降低产品成本，保持最低的库存量。精益生产，是在制造业中提出，但在新时期，确实很适合时尚供应链管理模式的创新，尤其是具有消费主权驱动的供应链的特征明显，较广泛地应用于时尚供应链的管理运作模式。沃尔玛是较为典型的拉动式生产供应链的代表。

（二）JIT 制造

即时生产，可以概括为在需要的时候，按照需要的产量和条件生产需要的产品。如果拉动式生产是以消费需求为起点的准时生产，那么 JIT 生产强调的是准时生产为基础的无库存的生产状态。与生产组织管理相比，JIT 更是一种系统管理的思想，它的目标是消除不必要的浪费和无效的劳动，充分体现了供应链管理的第四利润空间的特点，通过节约成本、精准定位来提高效益。在实际的企业运作中，零库存是企业追求的一个目标，很难真正实现纯粹的零库存，在供应链管理中，要想使供应链提质增效，库存更有着重要的战略意义，在整个供应链中，零库存更是作为系统管理的目标，要想做到快速反应，杜绝库存和浪费，那么即使库存不存在于生产企业或流通渠道或终端企业中，也必然会存在于上游的原料供应或某一个环节，否则很难实现即时生产。从这个意义上说，即时生产是供应链系统管理提质增效的一个重要模式。与传统的、冗杂的部门和环节管理不同，时尚企业对市场快速反应的基本要求使得它对于即时生产这样的系统管理的供应模式情有独钟，也是目前互联网发展起来后快时尚品牌生产运作的重要模式。

（三）柔性生产

柔性生产是典型的以需求为中心的供给模式创新。在 20 世纪中后期就已经提出和开始运作，是市场导向型按需生产的先进生产方式，体现的是供给的灵活性、应变性，但有较强的技术性要求。但直到互联网信息技术的发展，与工业技术结合，才进一步推进了柔性生产的服务性。柔性生产主要体现在机器、工艺、产品、生产能力、维护和扩展柔性等方面。当前，柔性生产比较典型的代表就是个性化定制模式，这也是当前时尚企业满足消费者个性化需求的重要模式。

（四）新零售

新零售，是零售的业态变革和管理创新，虽然重点是一种零售终端的整合式管理，但直接的服务对象却是多样化的消费需求。

它是个人、企业以互联网为依托，通过运用大数据、人工智能等先进技术手段并运用心理学知识，对商品的生产、流通与销售过程进行升级改造，进而重塑业态结构与生态圈，并对线上服务、线下体验以及现代物流进行深度融合的零售新模式。

新零售的最终目标是完成向价值消费时代的全面转型，它的直接目标是通过对零售终端的改革，系统性地对生产流通与销售过程进行优化升级，结合的技术手段主要是大数据人工智能以及社会科学心理学等相关的知识体系。时尚企业是以创新为己任，结合最新的技术管理模式和业务模式。本文把新零售管理模式的创新，作为供应链管理中的模式创新来研究。在时尚企业原有的以品牌为中心的基础之上，建立和利用以消费者需求为核心的新零售平台，来优化时尚企业的管理运作模式，扩展市场，增加利润（表 7-1）。

表 7-1　四种时尚供应链对比

	拉动式生产	JIT制造	柔性生产	新零售
特点	以消费需求为起点的准时生产	以准时生产为基础的无库存的生产状态	市场导向型按需生产的先进生产方式	一种零售终端的整合式管理，直接的服务对象是多样化的消费需求
目标	-	消除不必要的浪费和无效的劳动，通过节约成本，精准定位来提高效益	-	直接目标，是通过对零售终端的改革，系统性地对生产流通与销售过程进行优化升级
代表	沃尔玛	互联网发展起来后快时尚品牌生产运作模式	个性化定制模式	-

四、时尚供应链管理的智能化

（一）供应链智能化的基本解析

供应链的发展是一个协同发展的理念，它要以顾客的需求为导向，在协调供应链每一个环节的基础上，实现整个产业链条的效益最大化。结合《国务院办公厅关于积极推进供应链创新与应用的指导意见》国办发〔2017〕84 号的文件精神，解析一下供应链智能化的发展的基本问题。

改革背景：供应链管理是一个复杂的管理系统，它涉及资金信息和货物之间的流动，也包含了从供应商、制造商、批发商、零售商到消费者之间的信息互动，正确处理这些矛盾和关系是具有一定难度的，虽然供应链的设计理念比较先进，但受制于技术问题、企业间的利益问题、创新模式的设计和推广以及效果等方面的原因，传统的供应链管理中存在很多问题，包括：沟通不畅、效率低下、物料产品等协同问题，及时响应问题，供应系统的对接问题，以及数据资料的留存及可追溯性，还存在着各自为战的孤岛现象，供应链管理的发展需要进行整体的宏观设计，成员之间的战略关系，科学的库存管控，顾客价值的提升等一系列问题。正是在这样的背景下，我们提出了从供给侧改革入手，应用智能化的手段和方式，加深供应链的智能化改革。

基本含义：供应链管理的智能化，以客户的需求为根本导向，以提高质量和效率为目标，以资源整合为手段，充分利用信息技术等相关技术，实现产品设计、采购、生产、销售、服务等全过程高效协同的全新的组织形态。

建设目标：智慧供应链要建成供应链全过程的高效协同的供应链体系。具体来讲，智慧供应链要建成以大数据支撑、网络化共享和智能化协作的智慧型的供应链体系。智慧供应链是以大数据为支撑的，要把供应链与互联网、物联网、人工智能等新技术深度融合，深入发展网络传输技术以及相关的服务平台，实现透明、公开、开放、共享，创新发展理念，运用先进技术开发新模式，高效整合各类资源，实现智能化的协作。

重点任务：

推进农村的三产融合发展，包括创新农业产业组织体系，促进农业生产向消费导向型转变，鼓励发展农业生产性服务业，提高农业生产科学化水平，提高食品安全及产品追溯能力。

促进制造协同化、服务化和智能化发展，重点推进供应链的协同制造，建设一批服务型制造公共服务平台，发展及供应链的生产性服务业，促进制造供应链可视化和智能化。

提高流通现代化水平。大力发展智能业态，包括智慧商店、智慧商圈、智慧物流等，提升流通供应链智能化水平，进一步推进流通与生产的深度融合，实现按需生产，合理安排库存，提高工具质量，提升整个供应链条的服务水平。

加强绿色供应链和逆向物流体系，努力构建全球供应链服务体系（图 7-6）。

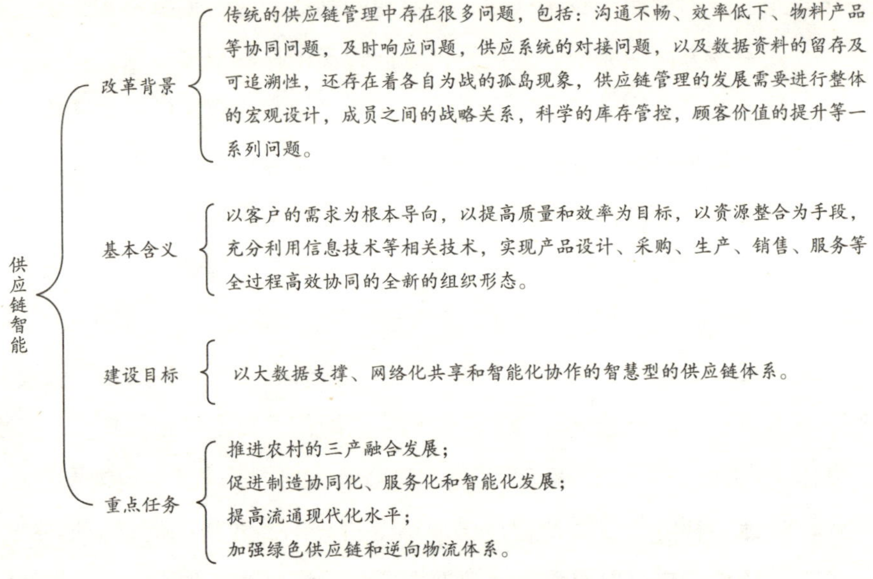

图7-6　供应链智能化的基本解析

（二）时尚智慧供应链的特征

时尚企业与智慧供应链的建设出发点一致

从建设的出发点上看，时尚与智慧供应链有着天然的契合点，二者都以顾客的需求为出发点，我们之前已经充分论述了时尚企业的使命，既满足顾客精神需求为主，这既是时尚企业的使命，也是它的重要的根本的任务，而供应链建设的出发点也是如此，同时时尚企业的供应链，本身也是智慧供应链的一个有机组成部分，在共同使命的驱使之下，将有更多的创新型业务模式和进展可供借鉴。

创新与融合在时尚领域更容易实现

智慧供应链，重点是创新和融合，而这两个特征在时尚领域更能够得以实现，创新是时尚企业的根本要求，而融合是实现创新整合优势，优化资源的重要手段和方式，新的信息技术给时尚企业提供了创新的技术手段，时尚领域也给新技术提供了应用场景，二者的融合具有相互促进化的作用。二者的相互融合，辅助了产品的设计开发、生产加工制作，开拓了时尚企业新的业务模式，也形成了新的业态。例如，区块链技术可以增强供应链的透明度，也可以创建新的经济体系，通过数字化的应用，可以缩短供应链各环节的周期，提高运作效率，为时尚的生命周期提供优质保障，可以通过信息化媒体和平台，改造供应链，减少中间环节，让供需以更直接、更透明、更开放的方式见面。利用互联网更开放、更透明的平台性作用，对逆向物流实施整合，有效保障消费者的合法权益，提高服务的满意程度。

时尚的融合和加入将是智慧供应链建设的亮点

时尚与智慧供应链结合，在进一步巩固和优化原有的时尚供应链的基础上，将有助于形成时尚供应链的新的亮点和特色。从智慧供应链建设的重点来看，智慧供应链主要集中在农业、制造业和服务业，智慧供应链的嵌入，将会优化原有的产业结构、产业布局，提升产业质量，创新产业模式，形成新的业态，而这种优化和创新恰恰是时尚产业发展的重要基础。时尚没有任何产业壁垒，它可以发生于任何产业、任何领域和任何环节，通过创新的模式来满足人们的精神需求，而时尚智慧供应链的优化和创新，在满足消费需求的同时会不断激发新的消费模式，衍生出新的消费需求，而这些满足和激发多数是精神层面的满足。时尚将会借此契机，进一步扩大时尚领域的覆盖范围和业务模式，形成更多的时尚亮点，为时尚供应链的发展提供更广阔的舞台（图 7-7）。

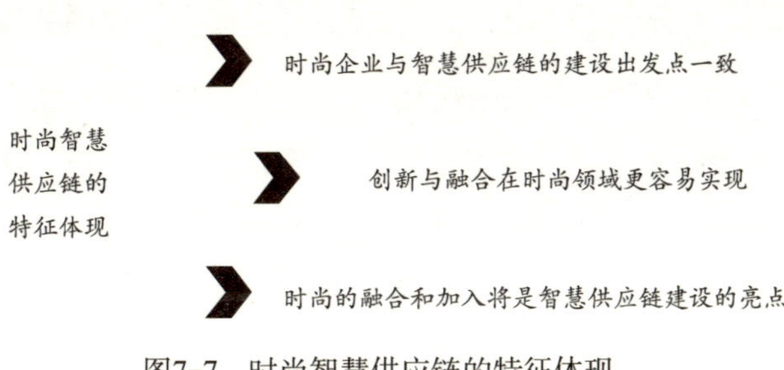

图7-7　时尚智慧供应链的特征体现

第八章　时尚企业的核心竞争力

一、企业的核心竞争力

通过研究企业核心竞争力，运用用核心竞争力分析模型，来分析其在具体企业中的运用，对于企业凝练自己的核心竞争力，不断优化和强化这样的竞争优势，在市场竞争当中保持自己的优势，有着重要的意义。

界定

关于企业核心竞争力的界定很多，很多人根据不同的研究目的，对其内涵和外延进行界定，主要根据的是美国学者加里·哈默尔和普拉哈拉德的核心竞争力模型，指的是“核心竞争力是能使公司为客户带来特殊利益的一种独有技能或技术”这样的界定。还有“核心竞争力是指能够为企业带来比较竞争优势的资源，以及资源的配置与整合方式。随着企业资源的变化以及配置与整合效率的提高，企业的核心竞争力也会随之发生变化。凭借着核心竞争力产生的动力，一个企业就有可能在激烈的市场竞争中脱颖而出，使产品和服务的价值在一定时期内得到提升”等界定。这些界定都较为科学地反映了核心竞争力的本质和含义。在诸多界定当中，我还是比较倾向于用概括性较强的定义来理解核心竞争力的基本含义，即企业的核心竞争力指的是企业能够获得竞争优势的能力。

特点

具体来说，核心竞争力应该包括以下几个特点：第一，核心竞争力首先是一种能力，是能够帮助企业获得竞争优势的能力。第二，核心竞争力也许不是一个能力，而是一系列能力的综合，不能把核心竞争力孤立起来，它应该是结合企业的各种资源而形成的一种独特的能力。第三，核心竞争力是一个市场化的概念，它要有具体的表现形式，判定标准，验证方式，即要通过市场竞争来体现和检验。第四，核心竞争力是一个动态概念，它不应该是固化的。

竞争力和竞争优势

核心竞争力和竞争优势不是同一个概念，尽管有的界定当中把核心竞争力、核心能力、核心竞争优势作为同一个概念，但本书认为，核心竞争力和竞争优势，二者都是市场化概念，也都是市场竞争当中企业所独有的一种资源或资源的外化，虽然内涵具有交叉点，而且具有一定的相似性，但是从文字的基本解析和含义的外延上还是有一定差别的。核心竞争力是综合运用一系列能力的体现，而竞争优势是通过竞争力在市场上所取得的一种状态，它是竞争力实施效果，即竞争优势是通过竞争力的实施而取得的。

企业核心竞争力的判定标准

一个企业可能有很多资源和优势，例如，战略管理、低成本核心竞争力、服务能力、市场能力、物流配送能力、资本运作能力等，但哪些是核心竞争力，需要有一定的特点和标准。

一方面，效益性。企业的核心竞争力必须具有一定的效益性，这种效益可以是直接的经济效益，包括获得竞争优势、赢得客户、扩大市场占有率、降低成本、提高产量、提高质量。除了经济利益直接相关的意义和价值，也可以是非直接的效益，比如一套好的管理体系、优良的企业文化等。因为核心竞争力体现的是一个市场化的概念，是在竞争当中能够取得优势的一种能力，因此它必须通过实际的效果来进行检验，同时企业具有很多经营方略和手段，但能否成为其核心竞争力，需要用实际的效益和效果来衡量，所以效益性，笔者认为是它最基本的属性。

另一方面，特色性。企业管理是科学和艺术性的统一，尽管面对的是多变的市场和多样化需求的内外部人群，变化性很大，但是通过前人的探索和研究还是归纳和总结了一系列管理理论，包括竞争能力和企业的能力、优势和资源等。每一个企业都有自己的独特的处理方式，例如，提起质量管理，我们会想到6个西格玛。任何一个成功的企业，质量管理都会永远处于一个核心地位，否则它只能昙花一现，因此质量管理一定会成为企业的核心能力的构建之一。但显然，每个企业对于质量管理有着自己独特的运作模式和方式，不一定均采取6个西格玛的质量管理模式，这体现了核心竞争能力的独创性和特色性。新型管理模式中的阿米巴经营模式，从日本的稻盛和夫提出以来，包括中国在内的很多国有企业，尤其是互联网企业，均借鉴这一模式。通过研究发现，这一模式的使用中，这些企业各有特色，已经成功的企业当中，可以看到每个企业对其独特认识和实践特色，在借鉴其基本原理的基础上各自都有创新，换个角度说，这个特色是每个企业自己的独特见解和管理哲学。

另外，企业的核心竞争力应该属于文化层面的架构。企业的核心竞争力是能够让企业长久保持竞争优势的能力体系，应该具有一定的稳定性和可持续性。一项技术、一个新产品、一个新模式、一个新业务，可以让企业保持暂时的竞争优势和市场地位，但真正能够让企业保持持久竞争力的，应该是新技术、新产品、新业务、新模式的研发体系和创造氛围，以及管理体制等安排，这些属于文化层面的架构。企业管理是科学性和艺术性的统一，能把科学的规范性和艺术的多变性融合在一起的最好的载体就是企业文化。企业的内部管理和外部市场上取得的一系列成就，一定离不开物尽其用、人尽其才的管理模式和管理氛围，而这些也属于文化的规范性方面的作用和意义。

批判

目前核心竞争力的识别标准当中，比较流行的有4个判定标准，即价值性、稀缺性、不可替代性和难以模仿性。笔者对于稀缺性和不可替代性持保留态度，核心竞争力是否必须有稀缺性？稀缺性如何得以体现？稀缺性的核心体现的是少的概念，也是想要提到不可替代性的原因，笔者觉得这样的界定很难真正判定出核心竞争力，新瓶装旧酒，旧瓶装新酒，竞争力大小强弱，只需要用市场来检验即可，与这种资源本身的是否稀缺，是否可以替代，不一定有直接关系。是否不可替代？似乎也不是核心竞争力界定的标准，不可模仿，更是管理学上的悖论。管理学本身就是在实践中提炼出规律性的认识，经验是积累起来，是在学习模仿和认识当中发展起来的，所以一套理论、一个模式在管理当中很难做到不可模仿性。所以笔者认为特色性和效益性作为核心竞争力的两个判定标准，争议较小。

企业在进行核心竞争力的研究中，要避免唯核心论，或者核心僵化，企业面对的是变化的市场，企业管理运用的是不断更新换代的科技，应对的是不断变化的人们需求，包括企业内部员工和外部消费者市场，在动态的变化中。企业管理应该秉承着动态变化的思路去架构和完善自己的核心竞争力，稀缺性、不可替代、不可复制，在充分体现自己特色的同时，也容易让企业自身陷入思想僵化的一种境地，企业管理者也要不断去反思管理的初心和使命，核心竞争力是为企业获取市场竞争优势的能力和手段，而不能成为让企业沾沾自喜或故步自封的苑囿（图 8-1）。

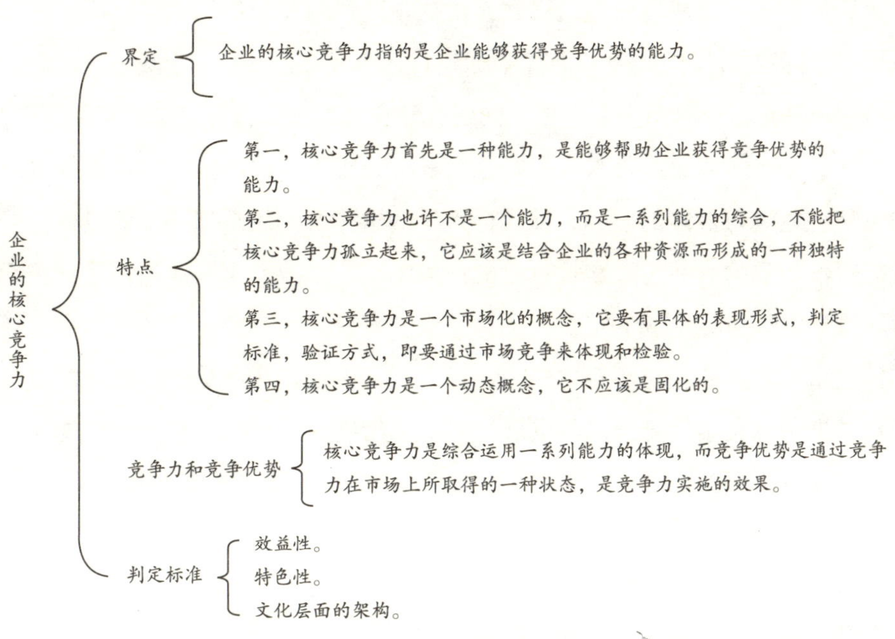

图8-1　企业的核心竞争力

二、时尚企业的核心竞争力

时尚企业具备企业的全部架构和制度安排，同时在核心竞争力方面也具备时尚企业的特殊性。

（一）精准的客户定位

市场营销发展起来以后，精准的目标市场定位已经成为企业市场营销的基本工作，但时尚企业对精准性的要求更高。时尚类产品，主要提供满足人们精神需求的产品和服务。它与人们的基本需求不一样，基本的需求可以是规模化、标准化的产品和服务。时尚类产品更加强调的是个性化、特色化，而不同的群体在精神需求方面差别很大。以服装为例，根据所定位的目标不同，可以把服装设计成不同的款式和风格，如休闲装、职业装等，也可以设计成唐装、汉服等具有民族风格和元素的不同风格，对应的就是相应的消费人群。根据定位的“三步法”，企业通过目标市场细分，目标市场选择，最后到目标市场定位。时尚企业根据不同的属性和标准进行目标市场的细分工作，如地区、年龄、职业、收入、偏好等因素，分成不同的群体，然后根据自己的风格特色进行群体的对标，即目标市场的选择。然后根据选择的目标市场进行定位形象的有效传递，把自己的产品品牌、企业形象有效地传递到目标市场当中，即目标市场的定位。从这个意义上说，时尚企业定位的目标市场与传统市场相比要相对小众，因为它经过了足够的市场细分，但是它的定位相对精准。尤其是信息技术的发展，更加为精准营销提供了强大的数据支持和分析保障，能够让精准的定位成为其获得市场竞争优势的重要能力。

（二）文化属性

时尚企业的产品和服务应该具备的是文化属性，这种文化属性对于人们的精神需求起到刺激、引导和规范等作用。例如，很多时尚类的餐厅，在让消费者享受美食的同时，更感受它所塑造的特殊氛围。包括红色经典、包括浪漫氛围。一些具有时尚风格的服装，让消费者得到服装的基本功能的基础上，也让消费者享受到设计师所赋予的符合其内心定位的精神方面的享受，例如精湛的工艺，独特的设计，酷炫或民族或贴心的风格。再如，迪奥 Dolce Vita 这一系列的香水，它的定位是快乐之源，主要让消费者去享受到赋予产品的文化意味。从这个意义上说，时尚类产品的真正价值，不是表面的物质产品，而是以物质产品为载体的能够带来精神满足的文化价值，我们很多产品的附加价值，就来自于产品背后的文化元素，这既是时尚产品的特点，也是市场企业的核心竞争要素之一。

（三）创新

关于时尚企业的创新问题，在前面已经分析，创新不仅仅是时尚企业的重要使命，也是它的核心竞争力之一。时尚本身就具前沿和引领的特点，一旦失去了这一前沿和引领的特点，它也就不是时尚产品了，所以从产品的市场生命周期的角度来分析时尚类产品的时尚周期，主要是在产品的萌芽阶段和成长阶段。在进入成熟化阶段以前，时尚产品就必须进行再次创新，而这个时间可能还会更早。为了保持产品的前沿性和引领性，时尚企业就要不断创新，不断推陈出新，所以这里说的创新，不是一项新技术、一项新工艺或者一个新产品，而是一整套完整的创新体系，能够保证企业持续不断、保值保量、保证速度，一整套完整的创新体系，这才是时尚企业能够立足于市场领域的基本要求，也是其能够保住市场竞争优势的核心竞争力之一。例如，很多老牌的时尚企业，不断的沉淀已经得到市场认可的品牌和风格成为经典，又不断推出新的款式、品牌和风格，保持前沿性。互联网快时尚品牌韩都衣舍，以快速迭代的产品创新，成为互联网快时尚品牌的代表，它的这种创新背后，是与供应商的创新型的合作模式，也是公司内部的创新氛围的塑造，也是以小组为单位的单品全程运营体系的谋划成功。所以，创新是时尚企业的使命，那么一套完整的创新体制就是企业能够持续创新的保障，也是时尚企业核心竞争力的重要标志（图 8–2）。

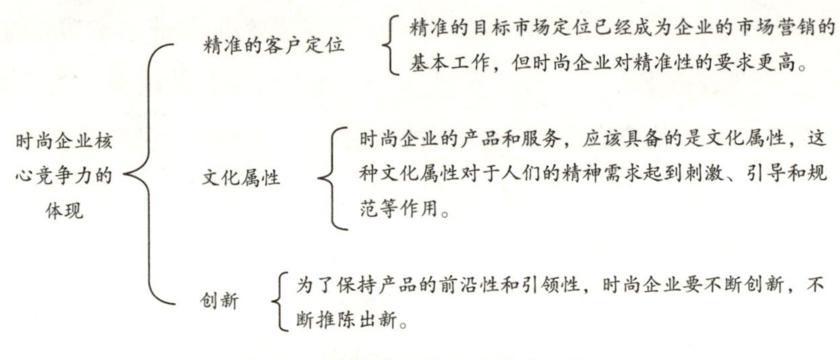

图 8-2　时尚企业核心竞争力的体现

三、时尚企业核心竞争优势的极化趋势及优缺点

时尚企业要想保持长足发展的势头和市场竞争的优势地位，就需要不断加强核心竞争力。现代科学技术的发展，尤其是信息技术的发展，互联网、大数据、物联网、移动互联网、人工智能等技术的发展，为时尚企业精准的目标市场定位提供了数据和资源的支持，也为文化传播提供了广泛的载体和平台，更为产品设计创新提供了更加便利和替代性的技术。这一切，都极大地促进了时尚企业的核心竞争力的发挥。同样，技术的共性也让市场竞争更加加剧，时尚企业如何利用这些技术在增强自己的核心竞争力方面也会出现一些问题，极化现象就是已经露出端倪的一种。极化现象，既表明了技术工艺的深化程度和阶段，也表明了一定的僵化和对初心使命的一种偏离。本部分将以信息茧房为例，探讨信息技术所带来的时尚企业的极化现象。

（一）信息茧房的提出

在信息化社会，个性化信息的需求影响着个性化信息的供给，个性化信息的推送使人们更加乐于关注使自己愉悦的信息，由此产生了信息茧房现象。学者彭兰在《导致信息茧房的多重因素及“破茧”路径》一文中，对信息茧房进行了较为系统的综述，包括与之相近的“过滤气泡”的问题及二者的辨析。受其启发，本书也简述一下信息茧房现象的提出。

美国学者桑斯坦在他的《信息乌托邦》指出，在一个信息超负荷的时代里，你们很容易退回到自己的偏见，我们只听我们选择和愉悦我们的东西，由此提出了信息茧房（Information Cocoons）的概念。早在 20 世纪 90 年代的时候，面对互联网、信息化的发展，已经有很多著作、影片描述了数字化为我们的社会和生活带来的各种影响，其中美国学者尼古拉·尼葛洛庞帝（Nicholas Negroponte）在其著作《数字化生存》中描绘了数字科技为我们的生活、工作、教育和娱乐带来的各种冲击和其中值得深思的问题，“信息的 DNA”正在迅速取代原子而成为人类生活中的基本交换物。

“过滤气泡”概念最早由互联网活动家帕里泽（Pariser）2011 年在其著作《过滤气泡：互联网没有告诉你的事》（*The Filter Bubble: What the Internet Is Hiding from You*）中提出。他发现搜索引擎可以随时了解用户偏好，并过滤掉异质信息，为用户打造个性化的信息世界，但同时也会筑起信息和观念的“隔离墙”，令用户身处在一个“网络泡泡”的环境中，阻碍多元化观点的交流，帕里泽将此称为“过滤气泡”。借助信息茧房和过滤气泡这样的概念，我的来分析一下时尚企业核心竞争优势凝聚中的极化现象（图 8-3）。

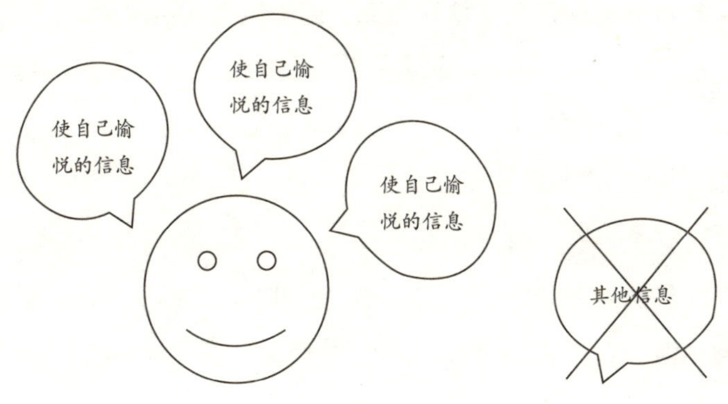

图8-3　信息茧房

（二）信息茧房形成的原因

信息茧房是主客观原因造成了信息孤岛现象。信息茧房现象可以从主观和客观两个方面，来追溯其发生的原因。

首先，在主观方面，信息茧房现象是人们主观上的一种心理选择。

人们都有自己的偏好，更喜欢接受与自己偏好相适应的各种信息，而厌恶或漠视那些与自己兴趣不相关的信息，这是人们的主观选择。学者刘建明、王泰玄等在《宣传舆论学大辞典》中，对这一问题进行了分析，指出选择心理是受众心理的一种表现，受众由于个人的心理差异和所处社会环境不同而对大众传播所持的不同态度。由于个人所处的社会环境和社会地位不同，个人对大众传播媒介的使用也就不完全相同。一般说来，个人在使用大众传播媒介时，往往选择并接受那些与本人所属的社会组织或集团的观点、立场相符合的内容。同时，还要根据自己的特点、兴趣、爱好等选择那些最符合自己需要、最符合自己价值观的传播内容。他们引用了美国学者约瑟夫·克拉珀（Joseph Klapper）在研究受众的选择心理的三个分类，即选择性注意、选择性理解和选择性记忆。受众的三种选择心理构成了受众抵御传播内容的三个防卫圈，是影响传播效果的重要心理因素。选择性注意（又称选择性接触）是最外的一层防护圈，受传者把那些与自己观念、兴趣不符的信息或媒介通通置于这第一层防护圈之外，采取不注意、不接触的态度。如果实在无法避开这类信息或媒介，受传者则打开第二道防护圈，采取选择性理解的方式。如果采用这种方式仍然无法摆脱他所不喜欢的信息，第三层防护圈便发生作用：选择性记忆，把那些与自己观点相悖的材料统统忘掉，只保留与自己信念相符的部分。

这些研究成果表明，选择性心理，作为信息茧房产生的主观原因或内在原因，是客观存在的，正是这样的心理选择的主观原因，形成了对外界的需求，作为满足消费者需求为己任的供给者来说，满足这样的需求就是其企业的使命和任务，形成了有效的供给，共同促成了信息茧房现象的产生。从这个意义上说，信息茧房这一现象具有内生性，是人们正常的心理造成的，只要客观条件能够满足，这一现象就有可能发生。

其次，在客观方面，信息过剩与受众注意力资源稀缺是其产生的客观原因。

从时尚的渊源追溯和市场企业的产生这部分内容可以看出，对人们消费需求的满足，一直就是企业或商业的立足之本。商业或商家总是利用各种条件和资源来满足人们的消费需求，当然包括这种选择性心理的需求，甚至人们自己也可能完全沉浸在自己喜欢的事物当中，形成一种茧房。但受制于客观条件，信息茧房的规模和范围受到一定的制约。而信息、技术和互联网的发展，加速加剧和加深了信息茧房效用的形成和影响。李晗在《大数据时代新闻生产新模式：新闻推荐平台的理念、实践与思考——以“今日头条”为个案》一文中，以今日头条为例，对新闻推荐模式进行了研究，把信息过剩与受众注意力资源稀缺作为新闻推荐模式兴起的原因之一。信息过剩反而容易造成信息的匮乏。首先，信息量大，信息丰富不意味着有效信息充足，消费者感兴趣和满意的信息可能并不在其中，其次，大量的信息让消费者筛选和提取的工作非常困难，有效提取自己感兴趣的、有价值的信息，可能花费的时间更多，在时间和精力有限的情况下，可能造成有效信息获得的相对匮乏，这就是标题中所提到的注意力稀缺。一个人一定时间内接受的信息量、注意力的集中度是有限的，尤其是相对于信息社会海量的信息资源，这种稀缺性更被无限的放大，这样的背景下，需要一定的载体工具或组织机构，通过信息的筛选，辅助解决这一矛盾。而在信息的筛选过程中，就埋下了信息茧房的成因。

最后，机构、组织利用技术，有意识推动也是信息茧房现象重要的推动因素。

机构和组织在满足受众对信息的需求过程中，需要不断进行筛选和推送，而这样持续的结果，有可能造成个性化信息的极大丰富甚至极化现象。而信息技术的发展、个性化信息服务的创新和算法运用，都是组织和机构开展个性化筛选和推送的技术支撑。而从满足消费者需求的角度来看，它们正是精准的消费者的当前需求。可以说，这些机构和组织等不是信息茧房产生的根本原因，但它们是最重要的推动因素，无论从主观还是客观的角度看，它们都是重要的推手。

综合来讲，信息茧房产生的根本原因，源自于人们的选择性心理。客观原因是注意力稀缺和有效信息不足，而技术的发展、中介组织的作用是重要的推动因素（图 8-4）。

主观方面，信息茧房现象是人们主观上的一种心理选择。

客观方面，信息过剩与受众注意力资源稀缺是其产生的原因。

机构、组织利用技术，有意识推动也是信息茧房现象重要的推动因素。

图8-4 信息茧房形成的原因

（三）信息茧房形成的制约因素

以信息茧房的成因可以看出，信息茧房的形成需要具备一定的条件，简单来说，就是主观需求、客观条件和中介推动。

首先，主观需求虽然是信息茧房形成的根本原因，但其形成受制于需求或偏好的强度。虽然有需求或有偏好，但强度不足以让其忽略其他的偏好和需求，从主观上形成信息茧房的概率就会较低，它不极化于某一种偏好，就不具备形成茧房的根本条件。

其次，注意力稀缺和有效信息获取之间的矛盾。人类的注意力稀缺本身就具备客观性，即使没有进入信息社会之前，客观世界也是丰富多彩的。人们有限的精力也只能去专注于某一件或几件事情。受制于信息产生和传输的渠道和方式，人们有效信息的获取也存在矛盾。信息社会，在程度上加剧了这一矛盾，即相对于更加丰富的信息资源，人们的注意力更显得稀缺，这种改变只是程度上的改变，而不是根本上的改变，在这样的条件下，是否能够必然形成信息茧房，答案显然是否定的。

最后，中介组织的筛选和推送。这个的制约条件比较多，一是能否精准确定消费者的需求。消费者的需求是不断变化的，虽然借助于大数据和平台以及其他技术手段，一定程度上能够判断或定位消费者的需求，但这种变化的需求能否精准把握，并不是所有的企业或媒体都具备这样的能力。目前的技术和算法以及个性化的服务，还无法智能化地精准地把握消费者的心理活动和心理需求，这是制约其形成的一个客观因素。二是即使能够精准地把握消费者需求，能否形成有效的目标市场定位，也有诸多因素限制。也就是说，你选择了目标市场，确定了服务定位，如何让消费者认识你、使用你、信任你，也受制于市场的竞争因素等相关的环境制约，尤其是在相互的竞争中，可能会抵消掉一部分消费者的关注度和信任度，从而降低了形成信息茧房这种现象的可能性。三是心理感应抗拒一定程度上会抵消信息茧房的形成。心理感应抗拒理论是美国心理学家布林在其专著《心理感应抗拒理论》中首次提出的，侯玉波在《社会心理学》一书中指出，心理抗拒理论指的是，人们相信对于自己的行为拥有控制权，当这种控制自由受到限制时，人们往往会采取对抗的方式，以保护自己的自由。

在前面分析网络时代消费者需求变化的时候曾经指出，消费者具有专业性、理智性和互动性的需求，出于对自由的期望，以及对自由剥夺的威胁，以及自由的重要程度很高，或是否会影响到其他自由，当出现这些价值判断的时候，心理感应抗拒会启动，产生抵触，并试图寻找方法来解决当前的限制或威胁。而消费者心里抗拒的产生，是企业不可承受之重（图 8-5）。

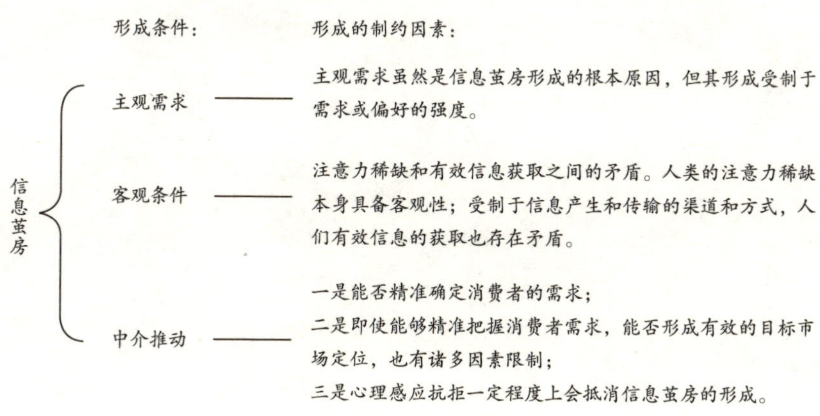

图8-5　信息茧房成立的制约因素和条件

总评

信息茧房，是企业在增强自己的核心竞争力当中出现的极化现象，而企业在增强自己核心竞争力过程中，很容易出现类似的极化现象。本书重点研究时尚企业的核心竞争力问题，时尚企业通过不断创新的产品和服务，向着精准定位的目标顾客去展示其文化内涵，与其他类型的企业相比，更容易产生类似于信息茧房的极化现象，如伪创新、主旨不明、为创新而创新、过度文化消耗、过度沉浸在文化元素之中，以及在精准客户推送中形成的信息茧房等现象。一旦形成这种极化现象，首先，对于消费者来说，会形成信息孤岛，偏离本身的需求，形成囚笼，不利于消费的升级，有悖于消费主权时代的宗旨。其次，从企业的角度看，一旦让消费者产生心理感应抗拒，就意味着营销的失败和市场的丢失。所以企业在凝练核心竞争力的过程中，要把握适度和科学的原则。

第九章　时尚企业的组织结构

一、企业的组织结构

（一）定义

一般来讲，企业的组织结构，就是对企业工作的组织安排，或者说是对企业工作安排后呈现的一种组织状态。目前对于企业组织结构的一般性定义，主要指的是为了实现组织的目标，在相关理论和实践的指导下，通过组织设计，形成企业的内部各个部门、各个层次之间固定的排列方式。

（二）作用

企业的组织结构，会帮助企业合理地配置资源，从组织的角度来服务于公司的战略，有助于企业目标的达成，有效地协调内部资源，支撑企业满足顾客需要，是企业有序高效运营的基础。企业组织结构的管理，对于企业管理具有非同寻常的意义和作用，更是管理的基本职能之一，管理的基本职能包括计划、组织、协调，指挥、控制等，组织是管理的核心要义之一，而组织是通过一定的组织结构实施管理职能的，组织结构也是企业实施内外部战略策略的载体，也是企业能够成为一个组织的基本框架。主要有三个方面的作用——规范、凝聚和效率。

规范性。组织结构作为一种工作安排，它要根据一定的责任和权利来确定各自的安排，需要具有明确的责任分工、权力界限、目标原则，它需要清晰地呈现企业的组织形式和状态，并做好定岗、定职和定责的规范性的安排。

凝聚性。在企业管理中，1+1 应该大于 2。通过合理的企业结构，可以凝聚员工群体的力量和机构整合的力量，使合力以乘数的方式递增，正是由于组织结构的这样的效应，有人将其作为与人、财、物并重的第四大要素。

效率。组织结构通过科学合理的分工和整合，能够使企业高效率的运转，与自给自足的一条龙式的家庭作坊相比，企业的分工整合式的组织结构设计能够使企业高效率运营，是取得规模化效果的基础。

（三）组织结构的类型

组织结构的设计，是为了更好地实施管理职能，它是随着企业内外部环境的变化而不断发生变化的。从 19 世纪中后期至今，随着企业内外部环境的变化，组织结构也不断进行调整，衍生出了很多较为经典的企业组织结构的类型和模式，而这些基本的组织结构，在不断发展的企业组织结构中仍然发挥着重要的作用，仍然被部分的采纳和应用。

直线式

直线式的组织结构，是最早最简单也是至今被用到最多的一种组织形式。它的核心特点就是单一的垂直型领导，极大地避免了多头领导所造成的责权不清。这是早期卖方市场和工厂制时期，一种高效、常用和经典的组织模式。即使现在的管理中，它也会在部门管理、小组管理或细节管理方面有最直接的体现，而这种垂直型的管理，能够做到最有力地协调和最有效地控制（图 9-1）。

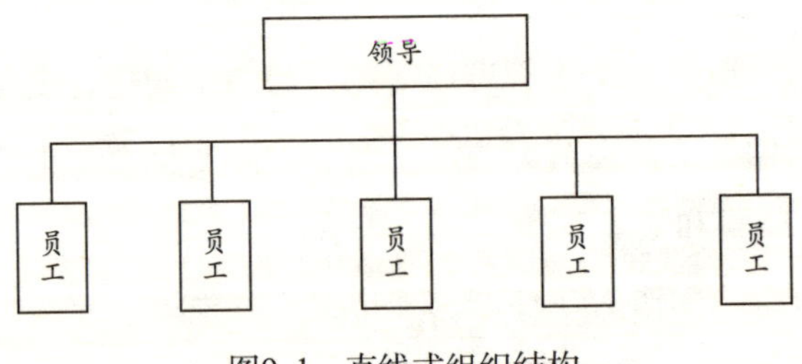

图9-1　直线式组织结构

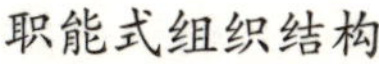

职能式组织结构

随着生产技术的复杂，管理更加精细，减轻上级负责人的工作负担和压力，在直线式的基础上，进行了职能式划分。从树状图上看，它是在主营业务并行的区间内划分了很多职能性的部门，如人事、财务以及其他的相关部门。这种职能式的划分，初衷是协助处理好公司的管理事务，更加突出主营业务，但在执行的过程当中容易产生分权现象。

集权和分权本身就是管理当中需要平衡的两个核心问题。直线式和职能式，作为两种最基本的组织结构类型，蕴含的却是管理的集权和分权的两大思想，在以后的组织结构融合创新过程中，不管形式的变化，都希冀能找到集权分权两者之间的一个平衡点。各个企业虽然操作方式不同，侧重点也不同，但都在尝试着通过直线和职能的融合，找到分权和集权的最佳平衡点（图 9-2）。

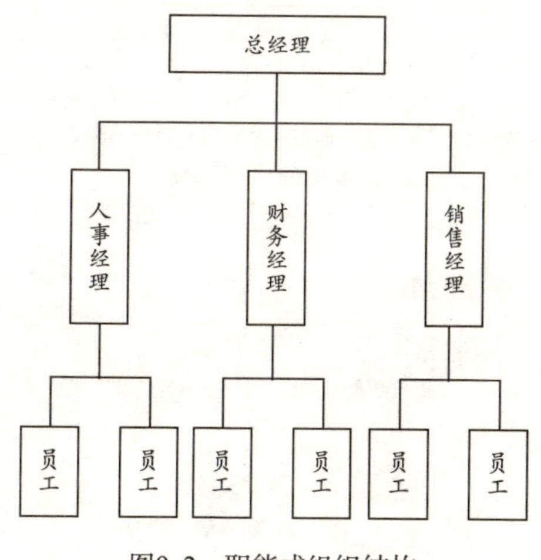

图9-2　职能式组织结构

其他组织结构

直线职能式组织结构，就是试图吸取两种组织结构优点而建立起来的一种模式，它首先把公司的结构分成业务部门和职能部门，实施业务和职能分权管理，突出主营业务，职能部门只能实行相关业务指导。事业部制，是由美国通用公司最早开始实施的，被总结为联邦分权化管理，它的核心要义是高层集团化的分权管理，即尝试在集权领导的基础之上进一步整合分权管理，模拟分权制。还有矩阵式的组织结构。这些组织结构的设计，都是为了应对工艺复杂，产品线众多，需要更好地实现主营业务和职能管理的配合，而按照企业的不同特色而设立起来的，核心还是解决集权和分权的问题，最终还是回归管理的本质，即更好地起到规范凝聚和提高效率的作用。

组织结构的设计，本身就是为了更有效地实施企业管理，企业发展到今天，呈现出了很多已经被验证了的经典的组织结构，这些组织结构和模式，可以为我们的企业管理和结构设计提供很多有益的参考，但切忌照搬照抄，即使同一种组织结构，在运行效率、规范性操作等方面也存在着巨大的差异，企业在进行组织结构设计和调整时，要适时把握组织结构设计的初衷和使命，不断调整、完善和优化组织结构，从而更好地实施管理职能（图 9-3）。

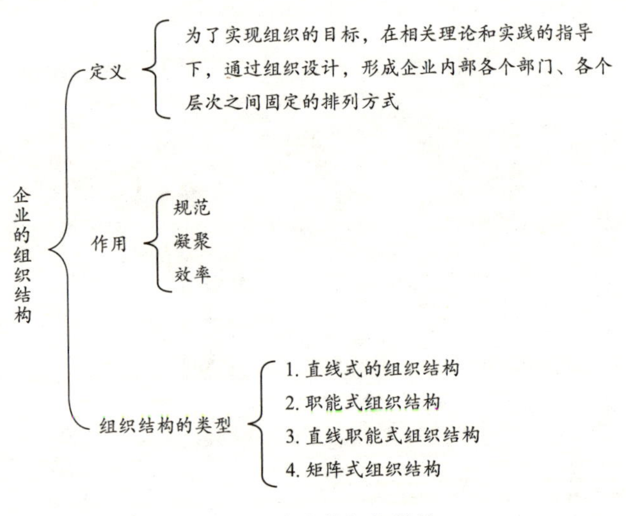

图9-3　企业的组织结构

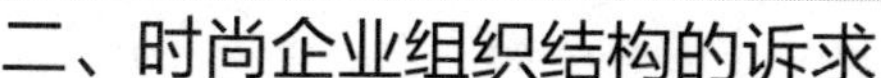

二、时尚企业组织结构的诉求

时尚企业是一个重视创新的组织，而创新需要创新氛围的塑造和软硬件环境的配合，本部分是研究时尚企业的组织结构，所以仅从创新的视角分析时尚企业对于组织结构设计的诉求。

（一）小组式团队

无论是技术创新、工艺创新、产品创新还是模式创新，都离不开创新团队。一般来讲，创新团队都是小而精的，即使庞大的创新团队，也需要通过分工把它变成一个个小的创新团队，所以从组织结构设计来看，建立适度规模的创新团队，有助于创新氛围的形成。阿米巴模式，是小组织式的经营模式中做得比较好的一种，它本身是一种公司管理模式，但是它是通过小组制的方式实现的。阿米巴在拉丁语中有变形虫的意思，其对外部环境具有极强的适应性，阿米巴经营模式以独立的小组为单位，通过量化赋权，提高工作和创作的积极性，培养经营性人才，实现小组与公司共同成长，这种小组的结构设计，更有利于激发和提高创新氛围，用小而精干的团队，创新成果人人有责，提高大家的积极性，尽可能地去行政化，从而提高创新效率。时尚企业的设计部门、市场运作部门，很适合运用这种的小组式的分工，来提高创新和运作的效率。

（二）简化工作流程

从公司的组织来看，简化流程可以从多方面着手，一方面去行政化，以公开透明和可追溯的方式，简化不必要的冗长的申报和相关流程，提高办事效率，真正让行政和程序性工作为主体的业务型、创新型工作服务。另一方面，部门内部和部门之间共建平台，通过这样的平台，提高部门之间相互协调的效率，避免因人费事，因为平台具有实时性、透明性和可追溯性，可以极大地提高效率，减少不必要的时间浪费。

（三）常态化的多部门合作机构

要让设计师、技术人员、研发人员和市场工作人员进行常态化的交流。虽然大家都知道，各个部门齐心协力，才能为公司创造最大的价值和利益，公司的利益意味着工作成果的回报，但在具体执行的过程当中，总会受工作环境和部门利益的束缚，出现新本位主义的现象。所以从组织结构设计来说，一方面，可以以固化的形式成立这样的机构或小组；另一方面，也可以以临时性工作小组的形式成立这样的机构。但无论是临时的还是固化的公司的组织结构，都需要按照固化的组织结构的模式和要求来设计这一机构职能、规定这一团队的责权利，从而保证协调一致、共同创新。

（四）教育和培训的机构化

教育和培训对于任何的组织都有着重要的意义。通过教育和培训，可以统一思想，形成和传播企业文化，传播最先进的理念，培育最先进的技能，形成良好的学习和互动氛围。可以通过理念、思想素质、能力和技能等多方面的培训，来提高企业的生产力，保持和提高企业的竞争力，充分完善和发挥员工的个人价值。教育和培训的职能，可以通过专门的组织机构来实现和实施，也可以通过公司内部协调，有一个或多部门兼任这样的职能。无论是常态化的机构和组织，还是兼具这样职能的机构或临时性组织，都需要按照教育和培训机构的设计原理，来制定其教育和培训的内容和方案。教育和培训的内容无论是传播理念、培训技能、提高能力，还是宣扬公司文化，都要注意培训人员的参与度和培训效果。这就需要围绕着培训的主题不断变化培训方式，以达到最佳的效果。

三、时尚企业组织结构的创新

根据时尚企业的特点和对组织结构的诉求，结合组织结构变化的趋势，分析几种时尚企业进行组织结构创新的模式（图 9-4）。

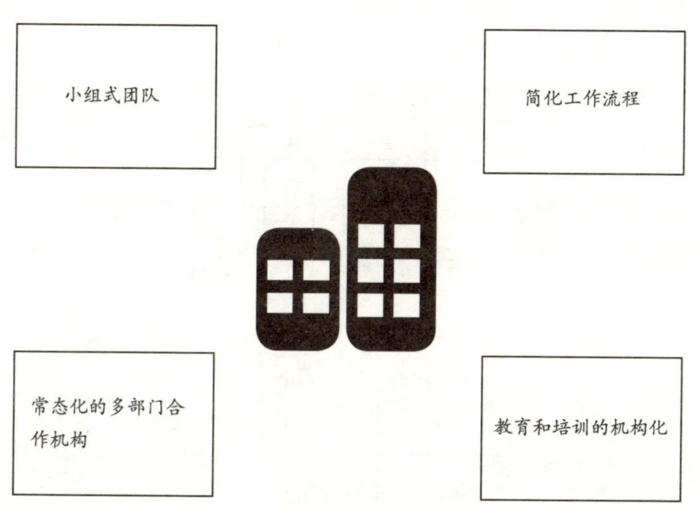

图9-4　时尚企业组织结构的诉求

（一）扁平化组织结构

扁平化的组织结构强调的是减少管理层级，是上下级之间的权利距离缩短，加强职能和相关部门的服务性职能。有人评价这种扁平型的组织结构，可以帮助企业裁汰冗员，减少管理失误，降低管理费，加速信息传递，使上下层之间沟通畅通。缺点主要是由于这种扁平化组织结构带来的管理幅度较宽引发的上级负担重、对人员素质要求较高等一系列问题。扁平型组织结构，是在管理幅度理论和层级结构理论之间，寻求一个管理上的平衡点的一种组织结构。管理幅度理论认为，受经历、知识、能力和经验等方面的制约，管理者直接有效管理的下属人数是有限的，把管理者分为高级、中级和基层管理者，各自的有效管理下属人数不同。随着公司规模的扩大，下属人数的增加，上下级之间交叉形成的人际关系和管理属性将成倍数甚至指数的形式增加。而层级结构理论指出，上级和下级之间不能越级指挥。随着公司规模的扩张，上下级之间的通道会越长，权力距离也越来越大，不利于高效的决策。而扁平化的组织结构，一定程度上平衡了这一问题，既有效地实行了上下级的垂直管理，也一定程度上缩短了权力距离（图 9-5）。

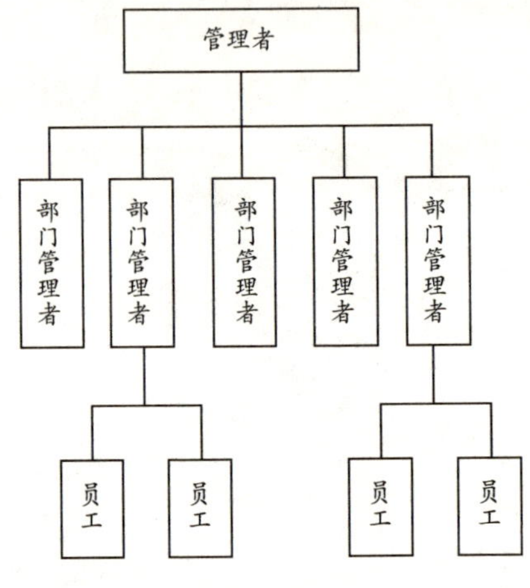

图9-5 扁平化组织结构

从时尚企业的特点来，它更适合于这样的扁平化组织结构。

第一，时尚企业产品的市场生命周期较短。时尚企业的产品更新速度非常快，需要对市场有着非常灵敏的反应，因此市场的反馈信息要快速甚至时时传达到决策者手中，以应对其短市场生命周期的产品特点，而扁平化的组织结构，恰恰能够满足信息反馈的速度和效率要求，它能够把最前端的市场信息迅速的反馈到领导者手中，领导者也可以通过这样的组织结构，及时甚至适时的关注前沿市场动态，做出有最有利的市场决策。

第二，时尚企业的创新性特点。时尚企业是非常注重创新的。无论是技术创新、工艺创新、产品创新，还是模式创新。而这种创新，都是具有知识产权属性，这种创新的成果得到认定或决策者的赏识，在传递的过程中，既要避免信息泄露，也要维护原创者的知识产权，保证其创新的积极性。扁平化的组织结构，减少了不必要的中间环节，可以相对直接的让基层与决策者对话，信息的有效传递得到保障，一定程度上有利于创新氛围的形成和优化。

第三，时尚企业面对的是变化的市场，需要用具有文化属性的产品来满足顾客的精神需求。公司的人员结构中，有很多文化和艺术性人员，公司内

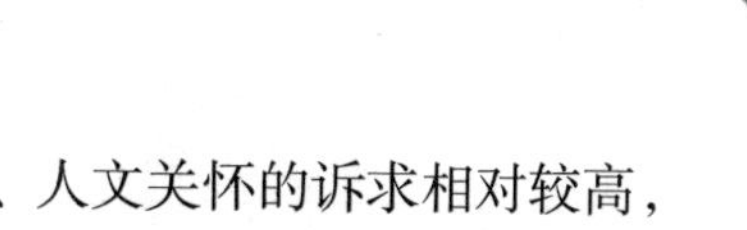

部的活跃度很高，这类工作人员，对于个人成长、人文关怀的诉求相对较高，对于自我实现的个人价值也有着更高的要求。扁平化组织结构，是从学习型组织和社会人假设的管理思想中演化出来的，由于中间的管理层较少，所以基层有更大的自主决策权，有利于其创造力和积极性的发挥，对于时尚企业来说，更有利于塑造和谐、诚信的文化氛围。

（二）平台化组织结构

信息技术的发展，影响和改变着人们的沟通和交流方式，人们借助于通信工具，进行信息的传递、商务交流、指令下达、信息反馈等，从电话会议、电视会议，到如今的网络视频会议，人们开始探讨和尝试信息技术条件下公司组织结构的网络化、虚拟化。Soho一族的崛起，把网络化办公带入了常态化阶段。从零星的网络化沟通，到常态化的网络化办公，越来越多的人开始尝试这种非坐班式工作的可能，也衍生出了更多的自由职业者，他们依靠快速、便利、透明、公开和泛在的网络，谋求更多的市场和职业机会，创新了市场业态，同时对公司的组织结构也提出了新的诉求。原本只是沟通方式的改变，在给工作带来便利的同时，也给公司的管理带来了新的挑战。

如何推行公司传统的考勤制度，财务报销制度、签名制度，信息沟通的准确性问题，如何有效地对于这样的人群实施管理，进行教育和培训，如何推行信息传达的准确性、规范性以及审批和考核制度的科学性和准确性，这一系列的问题，都有待于解决。由此，管理平台应运而生。这里的管理平台主要应对的是网络化虚拟化环境下，有效地解决相应管理问题的服务平台。通过这样管理平台，可以有效地实施考勤、上报、上传、审批、签名、反馈、沟通等日常行政事务工作。业务方面，也可以有效地进行视频电话、网络会议，进行及时的沟通，并且在平台上具有公开、透明、规范和可追溯这样的特点。于是在公司的组织结构中，加重了信息中心这样机构的作用，数字化的信息需要用数字化的管理模式和方式，这样的技术和这样的平台，影响和改变着公司的组织结构作用的发挥。

平台化组织的设置，通过信息互动平台，能够更有效地发挥扁平化组织的作用。于是涌现出了很多在职能管理、业务管理或综合管理方面的各种各样的平台。包括，企业资源计划、ERP、生产资源计划、采购资源计划、人力资源、客户关系管理等各种各样的基于供应链、价值链和职能管理或业务管理的平台。它有效地促进了企业日常管理的网络化和虚拟化。

平台化的趋势更有利于时尚企业管理职能的发挥，例如更有利于推进扁平化组织结构的优势发挥，更有利于实行个性化管理和弹性工作制，也更有利于创意空间的塑造和市场信息的及时反馈。目前网络化平台在企业的使用已经成为一种常态。但如何把它的作用进一步发挥和深化，还有待于进一步研究。平台性组织结构，是基于信息技术、信息平台所实施的一种公司组织变革，它需要对于信息技术的作用空间和发展趋势有着较为深刻的认识，才能更好地驾驭这样的组织变革，而不是简单地照猫画虎，它的背后是时尚企业在互联网时代的管理结构的深刻认识和变革。

（三）柔性化组织结构

柔性化组织结构，主要指的是，可以根据企业内外部环境的变化，灵活地调整公司的组织结构，最终实现管理的规范高效的管理职能。如果把公司的发展历程，浓缩到一个平面上看，在公司发展的不同阶段，公司的组织结构都在进行着不同程度的调整，即从长期来看，公司的组织结构都属于柔性的组织结构。但这样的组织结构具有一定的滞后性，也不是我们在这里探讨的柔性组织结构，这里的柔性组织结构，主要强调的是它的及时性和弹性，能够适时地根据内外部环境的变化，做出及时性的调整。

人们一直都在探讨，群体之间的合作模式。组织结构设计的初衷，也是在完成企业目标的前提下，资源的一种组织和安排，组织结构作为一种制度安排，它具有一定的稳定性，这种稳定性对于企业管理的好处是毋庸置疑的，但也会带来一定范围内的僵化，不能够及时应对内外部的一些变化。因此在基本的组织框架之外，往往企业会成立一些临时的工作小组，来应对综合性、突发性和前沿性的事务或项目。当这样的事务和项目增多时，这种柔性的组织结构就会成为一种常态化的存在。在公司的组织结构设计中，需要考虑这种组织形式存在的必要性、规范性问题。

柔性化组织结构有两个特点，一是无边界化。在一些工作小组或特殊事务中，需要打破原有部门之间的界限，事情的决策和效果需要多部门人员的参与，有利于信息的透明和整合。二是多元化。企业业务多元化，环境的复杂性，市场竞争激烈程度很高，管理人群多样化，企业无法用统一的组织结构来实施有效的管理，可以考虑多元化的组织结构设计。它可以根据不同地区、不同业务、不同环境、不同人群，设计多元化的组织结构，从而实施多元化的管理。时尚企业满足的是人们的精神需求，消费主权时代，人们的精神需求呈现出个性化和多样化的趋势，为了应对这样的趋势，企业可以通过多元化这样组织形式，来满足个性化和多样化的消费特点。

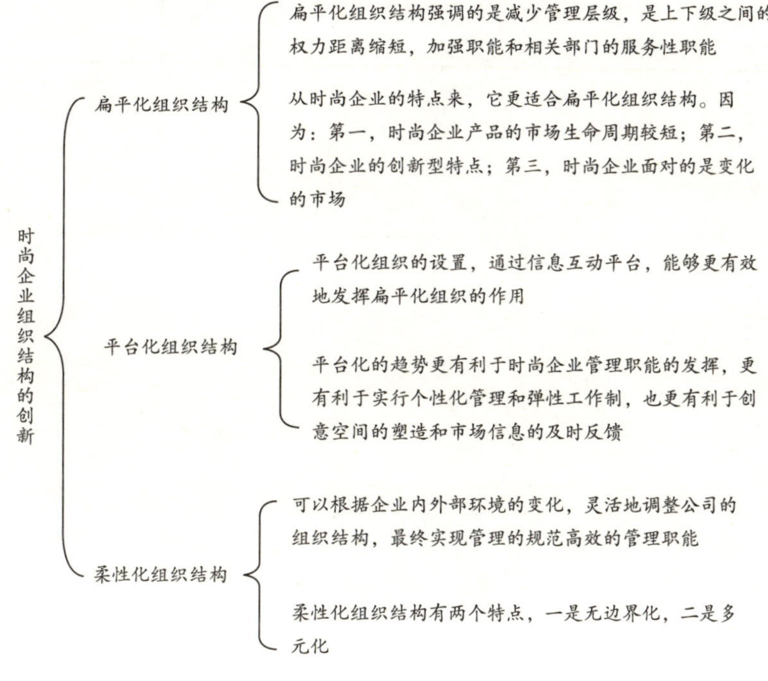

图9-6 三种时尚企业组织结构的创新模式

企业的组织结构，是为了完成企业目标和使命，对企业工作的一种组织安排，在这个问题上，思想不能僵化，曾经的稳定性、规范性和科学性的设计方案，在不同的环境和背景下，需要做出实时的改变和调整，要时刻牢记公司的组织结构主要是为了组织规范，凝心聚力和提高效率这样的作用和使命，才能应对互联网时代外部环境、信息资源以及人力资源管理不断变化所带来的挑战（图 9-6）。

第十章　创新型人才管理

加强科技人才队伍建设。推进自主创新，人才是关键。没有强大人才队伍作后盾，自主创新就是无源之水、无本之木。要广纳人才，开发利用好国际国内两种人才资源，完善人才引进政策体系。我曾经讲过，要坚持以用为本，按需引进，重点引进能够突破关键技术、发展高新技术产业、带动新兴学科的战略型人才和创新创业的领军人才。要放手使用人才，在全社会营造鼓励大胆创新、勇于创新、包容创新的良好氛围，既要重视成功，更要宽容失败，为人才发挥作用、施展才华提供更加广阔的天地，让他们人尽其才、才尽其用、用有所成。要完善促进人才脱颖而出的机制，完善人才发现机制，不拘一格选人才，培养宏大的具有创新活力的青年创新型人才队伍。要鼓励人才继承中华民族“先天下之忧而忧，后天下之乐而乐”的传统美德，把个人理想与实现中国梦结合起来，脚踏实地，勤奋工作，把自己的智慧和力量奉献给实现中国梦的伟大奋斗。

——习近平《在参加全国政协十二届一次会议科协、科技界委员联组讨论时的讲话》（2013 年 3 月 4 日）

一、企业的人力资源管理

中外古今，对人才的重要作用已经有众多论述，而对人才的需求，也是企业的一种本能，而且是企业永远不会满足的一种诉求。这里的人才指的是有才能的人，晋代葛洪《抱朴子·逸民》：“褒贤贵德，乐育人才。”宋代王安石《上仁宗皇帝言事书》:“则天下之人才，不胜用矣。”但是人的才能表现方式不同，正如汉代王充《论衡·累害》:“人才高下，不能钧同。”葛洪《抱朴子·广譬》:“人才无定珍，器用无常道。”人才如此重要，才能的表现又是多样性的，如何根据企业的特点选择合适的人才，选好了人才，如何让他的才能和价值发挥到最大程度?如何让人才有着长远的成长空间，如何让他认同公司的价值、肯一直为公司创造价值……围绕人才的一系列问题，一直是企业管理的重要工作，也彰显了人力资源管理在企业发展中的重要意义。

(一)战略性管理

人力资源管理是一种战略性管理，也有人把它叫作战略性人力资源，战略性重点体现在前瞻性、长远性和全局性方面。从全局性的角度来看，人力资源管理需要根据企业的目标，来部署和配备人力资源，它要在各个具体部门人才需求的基础上，做出取舍和权衡，从企业全局性的角度考虑，一定阶段内人才的配备和使用情况。从长远性的角度看，人才需要符合公司的长远发展目标和战略，具体贯穿于引进人才和培育人才工作中，包括，对人才的教育、培训、调整和提升，以及相关的待遇和薪酬等，都需按照企业长远性的战略目标来推进和实施。从前瞻性的角度看，同样要配合公司的战略目标，进行趋势和形势预判，进行人才储备，建立人才储备库，以满足企业前瞻性的战略需求。具体包括，人力资源的配置、开发、评价和激励。总体来说，人力资源管理要与组织的总体战略目标相一致(图 10-1)。

(二)系统性管理

按照管理的基本职能，可以把人力资源管理定义为针对人力资源所进行的计划、组织、协调、控制和服务等管理工作的总称。它符合管理的一切基本要素，是一项系统性的管理工作。人力资源管理的系统性强调的是统分结合的、具有清晰的逻辑层次和有序的一种管理体系。

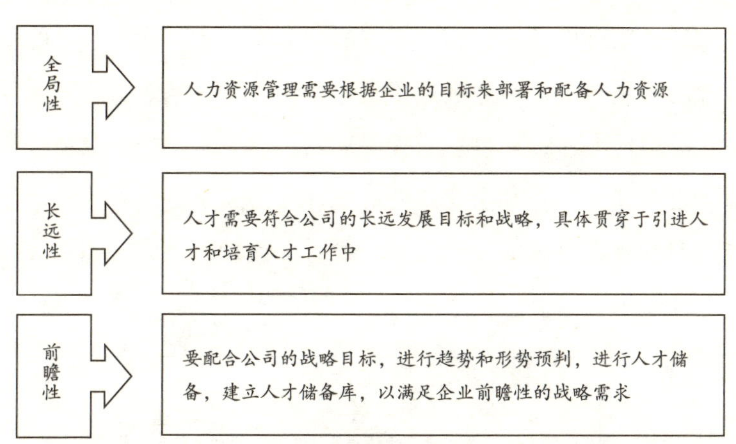

图10-1　战略性管理

一方面，人力资源管理是一种跨部门管理。第一，从人才引进的角度看，企业需要人才。具体来讲，是部门需要人才，人才一定会落实到具体的工作和岗位中，那么招聘工作，一定是有各个人才的需求部门和人力资源部共同完成，具体的招聘、面试等筛选性工作，一定有人力资源部门和具体的业务部门来共同进行。第二，人才的绩效考核跨部门完成。首先应该由人事部门下达相对标准的考评标准，然后由具体业务部门根据人才的实际工作情况进行评聘、考核和奖惩。第三，人才的成长也需要跨部门完成。人才的成长可以通过教育培训使他具备一定的能力，结合自己潜力的发挥和工作中的实际表现，会出现职务的升迁，工作的调动等具体的管理工作，而这些工作，都需要跨部门来完成。这种各部门之间，为了共同目标，分工层次明确，逻辑清晰，系统整合，服务于人才引进和日常管理工作，具有系统性的特征。

另一方面，人力资源管理是一种全面的人才管理。根据目前的研究成果，一般把人力资源管理分成了6~8个模块，主要包括人力资源的规划、招聘、培训、绩效、薪酬福利、劳动关系等，即吸引人、留住人和用好人的人才的全面管理。从人力资源管理的流程看，基于公司的目标和根本利益，以及各个部门的发展需求，制定人才发展规划；通过公司的多方优势和发展潜力，来激发应聘者的积极性，通过招聘环节成功引入人才；通过系统的培训，不断提升人才的技能水平，使之满足于工作需要；通过绩效薪酬和福利，以及公司的文化等留住人才；通过职业发展规划，对于人才的评级和提升给予充分的考虑，进而建立人才和企业之间的良性互动关系。从人才的引入到培训成长再到成熟和建立良好的互动关系，是对人才较为全面的和系统的管理体系（图 10-2）。

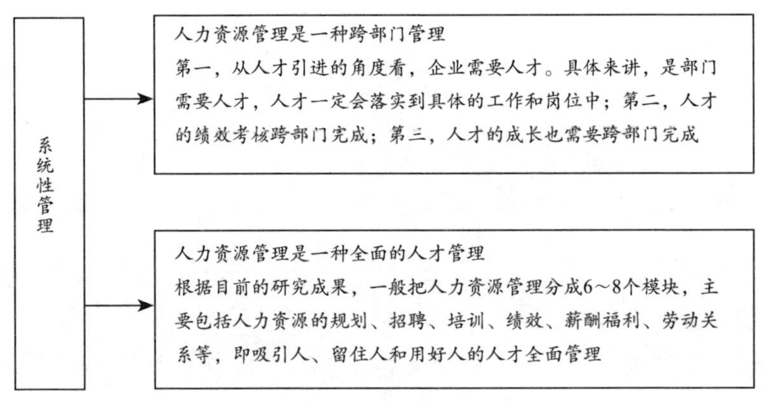

图10-2　系统性管理

（三）程序性管理和创造性管理

人力资源管理，包含了程序性工作和创造性工作。二者在有的方面分工比较明确，而在有的方面结合比较紧密。例如人力资源规划，在设计和思考方面这属于创造性，因为要结合着企业的战略目标和根本性的需求来进行综合的权衡和考虑，但是在具体文案写作方面，又具有一定的程序性。一般来讲，人力资源管理主要包括以下工作内容：人力资源规划、岗位分析与设计、员工招聘与选拔、绩效考评、薪酬管理、员工激励、培训与开发、职业生涯规划、劳动关系管理等。

程序性工作，包括绩效考评，是在设立标准的基础之上按照标准进行的考评；薪酬管理、按照工资标准核定薪金、劳动关系管理等，是按照国家社会保障工作的要求，对于员工关系进行档案变动、存档等的相关工作。

创造性工作，包括人力资源规划方案的设计、岗位分析与设计，这些是要立足于现实的需求，创造性地去发挥主观能动性，进行科学合理的规划。员工招聘与选拔，是要在诸多面试者中选拔贤才，即需要科学的评判标准，需要经验和眼光，能够体现人力资源的科学性和艺术性的统一。激发员工的积极性，要根据心理学和员工激励等相关的理论，来灵活掌握本企业职工的心理诉求，才能获得良好的激励效果。开发和培训提升员工的技能和潜能，要对公司内外环境和发展水平发展诉求有清醒的认识，设计良好的培训方案，才能起到好的培训效果。职业发展规划，是员工的成长空间和成长路径，每个人的情况不一样，需要创造性地去应对每一个员工的发展诉求和水平特色，才能真正让企业和员工形成良性互动。

从目前的情况来看，很多企业的人力资源部门，所做的程序性工作居多，在工资核定和发放、绩效考核和劳动关系管理方面，作用比较突出。但是在创造性方面，如职业生涯规划、员工激励、有效的培训与开发以及全方位的人力资源规划设计方面还有欠缺。这与人力资源管理的综合性有直接关系，因为这不是一个部门的事情，需要更高层面，甚至多个部门来共同协调配合。同时也与企业人力资源管理部门的权力大小有直接关系（图 10-3）。

包括绩效考评是在设立标准的基础之上按照标准进行的考评；薪酬管理、按照工资标准核定薪金、劳动关系管理等，是按照国家社会保障工作的要求，对于员工关系进行档案变动、存档等的相关工作

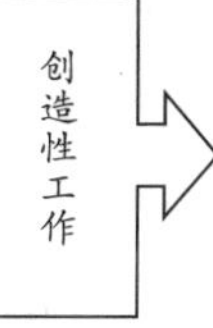

包括人力资源规划方案的设计、岗位分析与设计，这些是要立足于现实的需求，创造性地去发挥主观能动性，进行科学合理的规划

图10-3　程序性管理和创造性管理

（四）人力资源管理的核心和使命

人力资源管理的使命，应该是基于公司的战略目标，使人力资源的价值最大化。具体来讲就是：

吸引人。站到战略的高度理解公司的目标和使命，确定用人的标准，并根据人才的特性，确定奖励和激励方案，科学合理地引进公司需要的人才。

成长人。终身学习的理念告诉我们，人在任何时间都需要不断地学习和提升，在企业发展的不同阶段，面对不同的人群，要实时的进行教育和培训，不断提升他们的专业技能和素质，使之不断的成长，传播公司的价值观，形成良性的企业文化，得到人才对企业的认可。教育培训的另一个作用还能够弥补无法引进合适人才的痛点，通过内部的教育培训达到公司战略目标对人才的需求，使内部员工不断成长，符合公司的用人要求。

用好人。强调的是人力资源的合理配置，按照岗位需求和人力资源的特点，把合适的人放到合适的岗位上去。

留住人。强调的是用符合人才水平的职业定位和薪酬，来得到人才的认可，尊重人才创造的效益和价值，并用科学的标准来计量这种价值，给人才符合其能力和素质的相应职务，并规划其成长和发展的空间（图 10-4）。

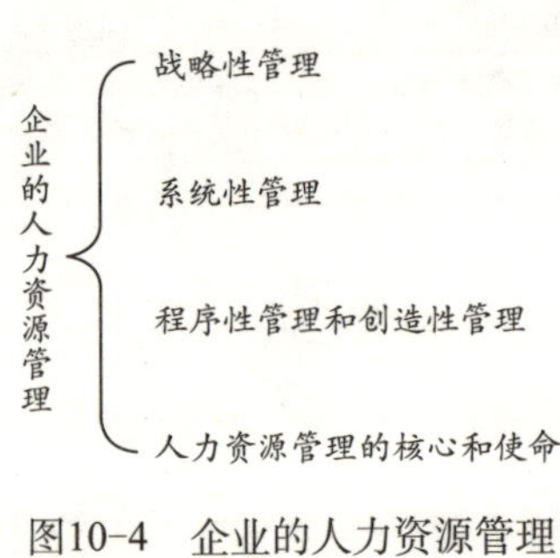

图10-4　企业的人力资源管理

二、企业创新型人才的定位

关于创新型人才对于企业和组织的作用是毋庸置疑的。习近平总书记更是提出了人才是创新的第一资源的论断。但对于创新型人才，有几个误区需要澄清。

（一）关于创新型人才的认定标准

创新型人才，一般是指具有创新精神和创新能力的人。其认定标准包括有很强的好奇心和求知欲望，有很强的自我学习和探索能力，某一领域或某一方面具有广博的知识，较高的道德修养，健康的体魄和良好的心理素质等。这些标准对于认定创新型人才给出了重要的参考。但这些标准和条件是创新型人才的必要条件，即符合这些条件的人应该属于创新型人才。但如果仅拿这些标准去衡量和选拔创新型人才的话，那就可能缺乏全面性和充分性。

首先，创新型人才的认定标准缺乏严谨的科学性。现在认定的这些条件或标准之间是一种什么关系，是并列关系，还是选择性关系？是达到一个或几个标准就可以判定为创新型人才，还是必须全部达到才能认定为创新型人才？如果只需满足其中的部分标准就可以认定的话，那么这个标准就太过宽泛，因为很多具备这样特点的人是不具备创新能力的。如果需要全部条件都达到的话，那么对创新型人才的要求又有些求全了，例如“健康的体魄”和“良好的心理素质”未必是成为其创新型人才的必要条件，现实当中也很容易找到这样的反例。创新人才的创新程度有没有更加严谨科学的划分，还是笼统的定位为创新型人才，这些都是创新型人才认定中的问题。

其次，过分依靠标准可能会出现明珠蒙尘、怀才不遇的现象。一个人的成长和个人价值的发挥，是有主观条件和客观环境共同决定的，很多大器晚成的人，前期的积累阶段并未得到重视，也许用倒推的方式，可以来讲述他曾经平凡故事中蕴含的不平凡的坚持，可是伯乐和千里马的故事也不会常常发生。这正是人才选拔和招聘过程中的痛点和难点，尤其是在创新型人才的问题上，有潜质的人未必能够转化为能力和价值。另外创新本身就是无中生有，在现有基础上的一种突破，我们在用已有的框架和标准去界定一个未出现的未来的事物的孕育者，从目前来看，一切判断和标准都可能是苍白无力的。

另外，是事前认定还是结果导向型认定的问题。如果是事前认定，那么属于人才招聘环节的工作，如果事后认定，那就属于薪酬奖励激励的范围，这二者显然还是有一定区别的。事前认定是为了精准地找到符合条件的创新型引领型人才，事后认定是为了鼓励和奖励人才取得的创新性成果，并起到积极的示范作用和效果。事前认定的难度前面已经论述，从管理的科学性看，事后认定似乎更能够体现客观性和科学性。从创新型人才的认定和引进目的看，企业看重的是创新性人才取得的创新性成果，而如果只具备这样的潜力和能力，而没有取得相应成果的话，也不是企业所期许的。因此创新型人才的判定，用成果导向的方式应该更客观，而事后认定、成果导向的方式，管理学意义也会更大（图 10-5）。

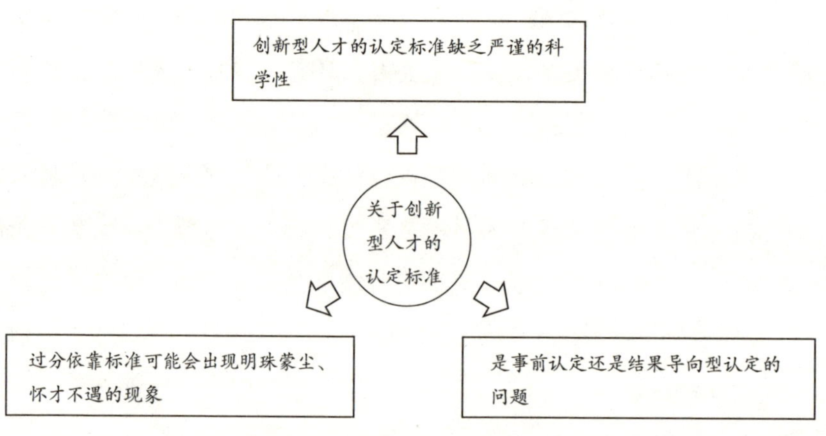

图10-5 关于创新型人才的认定标准

（二）关于创新性人才的来源

与人才的来源一样，创新型人才来源也是两个方面：引进和培养。人才引进属于招聘的一种方式，但这里提到的引进创新型人才，是需要用特殊的条件和待遇给予特殊人群的一种招聘方式。随着人才流动性增强的趋势，企业创新型人才的引进工作一直是人力资源工作的重点。很多企业常年挂出求贤若渴的招聘信息，既能表明公司对人才的迫切需求和唯才是用的良好的管理体系，也可能是一种为有梧桐引凤来的立场表态，向各界表明公司的发展潜力和发展前景。这一切都表达了企业对于引领性创新型高层次人才的需求。

在创新型人才的引进和培养方面有一个悖论。假设一个企业力图引进一个创新型人才，那么，这样的人才的才能从何而来？显然是在别的企业、别的机构当中培训和成长起来的。那么自己的企业为什么不能够培养出这样的创新型人才？是企业建立时间太短来不及培养，还是企业不肯在这方面投入来进行积极的培养？或是企业不具备这样创新型人才积累、成长和实现的土壤？这样的条件下引进的创新型人才，会不会因为水土不服而无法创造出更多的价值和成果，或通过人才的流动而不断地寻找新的更好的机会？反之，如果具备这样的基础和条件，自己能够培养出适合自己企业的创新型人才，那么引进工作的必要性就会降低。

简单地说，当企业不具备创新型人才成长和发展的基础和条件时，即使引进人才，也很难留住。当企业具备这样的基础和条件时，自己内部就能成长一批创新型人才，引进的必要性就大大降低了。前面这段的论述有一点点诡辩的意味，这里强调的并不是引进人才不必要，而是想分析这种企业现象，即过分依靠引进的方式来实现对创新人才的需求而忽略了自身培养和创新型人才成长环境的塑造。授人以鱼不如授人以渔，企业对于包括创新性人才在内的人才需求是一种刚性需求，公司的常态化发展、攻坚克难、转型升级、不断应对市场变化，不同的阶段、不同的形式下都需要各种人才的参与，而给予人才更好的成长空间和成长路径才是公司人力资源管理满足公司发展战略的重要工作（图 10-6）。

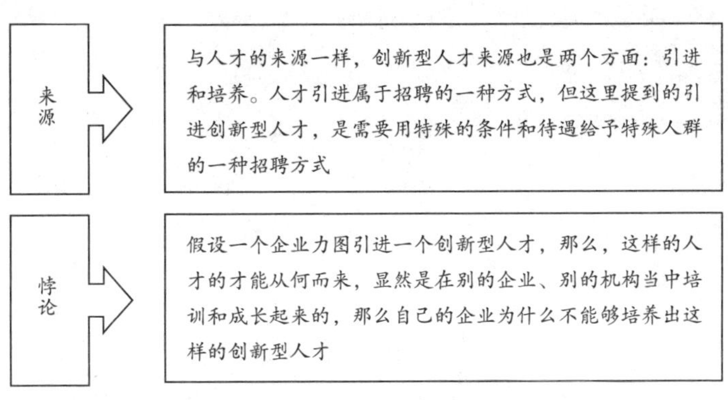

图10-6　创新性人才的来源

三、时尚企业创新型人才的特点

（一）对创新性人才的需求是时尚企业的本能

创新是时尚企业立足的根本和使命。前面的分析已经提到时尚企业重点满足的是消费者精神层面的需求，而这种满足与传统企业的产品和服务满足不同，它满足的不是基本的物质需求，而是负载于物质之上，又脱离于物质之外的一种精神上的愉悦和享受。而这样的消费特点，就是时尚企业创新的动力和源泉。而精神性消费需求，源自于消费者内心，也可能是消费者本身的一种期许，很有可能只是一个模糊的方向，而不是一个具体能够实物化方案。这就需要创新者在充分挖掘和理解消费者潜在需求的基础之上，通过自己的专业知识，来创新自己的产品和服务。另外，消费者也可能对于时尚产品和服务，只有不满，而没有如何改进的设想，那就更需要创新者，在可以解决痛点问题的各个方案当中，去选择和优化方案，创新产品和服务来引导消费需求。所以说创新的思想要融入时尚企业的血液之中。与传统企业相比，时尚企业对于能够发现挖掘并付诸实施的创新型人才的需求更加强烈。

（二）不同类型时尚企业关注的创新人才的差异

创新型人才在企业发挥的重要作用，是其处于重要地位的根本性原因。但对创新类人才本身就缺乏统一性的界定标准，不同类型的企业所定位的创新型人才是不同的，现有的时尚企业的成立、定位和结构特性特点也促成了多样化的创新型人才在不同企业中的特殊定位。

最后，时尚企业的发起人，本身就是创新型人才，有着“学而优则仕”的经历，所以对于有相同或相似背景和能力的创新型人才尤为看重。这种类型的时尚企业在经典的时尚企业中比较常见。无论是圣罗兰、三宅一生，还是现在的很多设计师品牌，它们的共同特点主要是因设计师而成立和发展，品牌的名称与设计师有着直接关系，甚至品牌就是以设计师名字命名的。例如，我们现在的很多服装行业的时尚品牌企业，前身就是以设计师为主的创意性工作室，通过企业化经营的方式，逐步形成独立的品牌和时尚企业，这类企业是以设计师的创意为中心，而设计和创意是企业的核心竞争力，因此对于设计类型创新型人才的高度重视也就不以为奇。

其次，模式创新类时尚企业。如果前者是通过工艺和技术来满足消费者需求的时尚企业，那么这类就是通过模式创新来满足消费者精神需求的时尚企业。尤其是信息技术的发展，平台经济的出现，给商务模式创新提供了巨大的发挥空间。也许经营者并不是工艺或技术出身，但是他们对消费者需求的痛点有着较为深刻的把握，同时，对于互联网时代的特点也有着深刻的认识，因此能够有效地结合信息技术和消费者的需求来创新业务模式，满足消费者的需求。在供应链的关系中，到达消费者手中的产品和服务之前的一切环节，我们都可以作为供给侧来研究，那么消费者需求的满足，除了产品本身所带来的精神愉悦，那么还有购物过程所带来的便捷、舒适、新奇等主观感受。例如，近些年崛起的快时尚、平价时尚的品牌企业，很多公司的发起人可能来自于多个领域，但他们能够精准地把握消费者对于款式、材质、服务方式、服务速度、价格等方面的诉求，以一流的设计，二流的材质和三流的价格，来满足消费者对于时尚产品的需求。个性化定制的崛起，也是技术的可能性和消费者需求结合的结果，原本这是为不愿或不能通过规模化的方式提供产品和服务的特殊人群设立的一种服务方式，但在主权消费时代，个性化需求的崛起，技术提供了可能，创造性的个性化服务已经在多个行业和领域当中有所体现，最常见的就是平台中的内容检索，还有不定时的个性化推荐，以及个人信息档案的建立。这类企业与前述企业类型不同，它们对于能够进行管理模式创新、业务模式创新、数据分析等创新型人才有着特殊的偏好。

最后，转型性的时尚类企业。我国有很多传统的研发性、生产性、销售型的企业或是综合性的企业，但随着市场环境的变化，其转型升级的压力也很大，这些企业有着自己的研发、生产、销售等方面的优势，但是缺乏在新环境背景下对于消费者需求的精确把握和满足，因此会对能够给企业带来创新型思路和效益的创新型人才有着更高的需求。这类企业有着自己的基础和优势，但是从供应链的角度也都有着自己的短板，除了直接弥补短板的人才引进外，在这类企业的时尚化转型过程中，买手型人才可能是他们重点关注的一类人才。时尚买手是时尚领域的一个特殊的职业或概念，他们在时尚价值链中具有一定的地位和作用。一般来讲，时尚买手主要指的是为企业或品牌产品设计并交付生产，或采购合适的商品放到企业的销售渠道中进行销售的职业人。从这个定义当中我们可以看到，第一，时尚买手并不针对最终的消费者，他是在供给侧链条当中的中间商。第二，他把研发设计、生产制造、销售渠道进行了有效对接，正是在供应链中的这种穿针引线的过程中彰显了其价值。第三，从定位中可以看出，买手类工作需要具有集成性的知识系统，包括要了解品牌发展的历史，要有敏锐的市场嗅觉，要明白营销管理，要了解市场行情，了解产品设计技术工艺，包括板型、面料，以及设计风格的把握，具有广泛的渠道等，所以可以把买手型人才定位为集成创新类人才。但我们也应该看到，买手发挥的作用空间是供应链管理当中的对接问题，随着人们对供应链价值链认识的不断深化，整合趋势愈加明显，互联网技术以及相关技术的运用，供应链之间的关系日益紧密，买手型工作的重要性更加凸显，但是买手作为一个独立的群体，存在的方式有待于进一步商榷（图10-7）。

（三）创新型人才的管理

在进行管理咨询的时候，曾遇到过这样一个困惑：设计师团队并没有按照市场反馈的信息来设计市场化的产品，而更多地强调其艺术性和文化内涵，并希望通过这样的方式来引领市场。企业给出的咨询题目是，如何有效地管理设计师团队。这个具体问题的关键是，公司决策权力归属问题，即在有分歧的前提下，是设计师团队，还是市场部门具有决策权？或由其他机构或负责人来做出决策？在这个具体问题上，结果是哪一个方案真正赢得了市场？

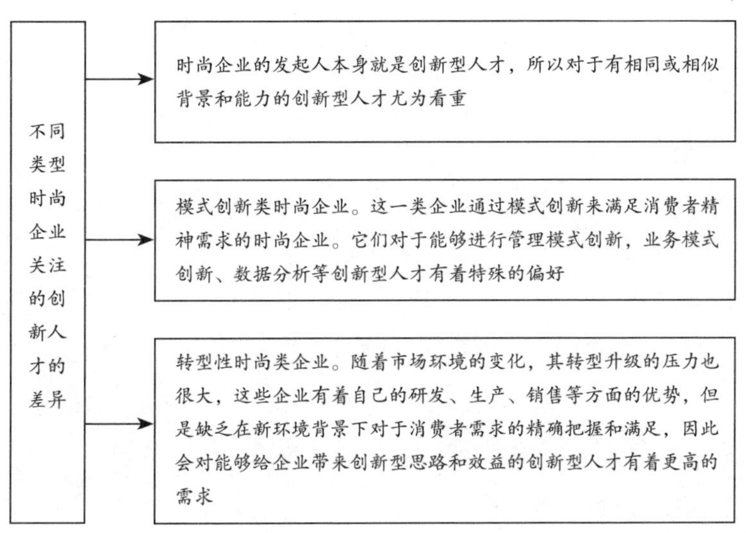

图10-7　不同类型时尚企业关注的创新人才的差异

归根结底，这类问题是属于创新型人才的管理问题。

创新型人才管理，也属于企业人力资源管理的范畴，这是创新型人才所具有的独特的创造性价值，因此在进行管理方面要更加审慎。同时由于创新型工作的特殊性，因此要结合工作和岗位特点，采取灵活管理。具体我们从以下 4 个方面来分析一下创新型人才管理的一些基本原则。

一是明确定位。如果创新型人才或人才团队与企业之间是合作关系，那么在合作协议当中，要明确彼此之间的权利和义务。如果创新型人才是企业内部员工，那也要明确其在公司当中的责、权、利。即从管理的角度，对其进行定岗、定职和定责。避免出现问题时有夹杂不清的现象发生。更要在公司组织结构设计中，明确部门之间的权属关系，形成主管领导层层追责的制度，当出现部门之间不明确决策主体时，要有明确的仲裁或决策机制来保证这种决策归属权的问题，同时树立权责相等的理念。

二是结果导向。在人尽其才，才尽其用，用有所成，鼓励成功的过程中，要更加注重创新型人才创造性价值的发挥。在前面论述的创新型人才的评判标准中，建议事后认定，这是针对创新型工作的贡献要根据其创新型工作所创造的价值来判断和认定。而结果导向，事后认定，是明确定位的延伸，结果导向能够更明确企业鼓励和奖惩的范围和标准，同时也为企业的规范化管理提供支持和保障。

三是宽容失败。创新性工作的特点主要是突破现有条件的束缚，创造新的事物，是一种无中生有的创造性工作，在创新的过程当中，失败是常态化的，而成功才是阶段性的。技术性的创新，要经历无数次的失败和实验才能取得成功，与纯粹的技术研发不同，时尚企业的创新性工作面临着更加复杂的社会背景。时尚企业的创新性工作，核心要满足的是消费者的需求，而他通过引进、自主研发、集成创新、模式创新等原创性或集成性的创新工作来满足不断变化的消费者的需求，需要有更宽容的姿态来对待这种创新工作的过程和结果。宽容失败是形成创新氛围的基础。而宽容失败和以结果导向的鼓励成功并不矛盾。

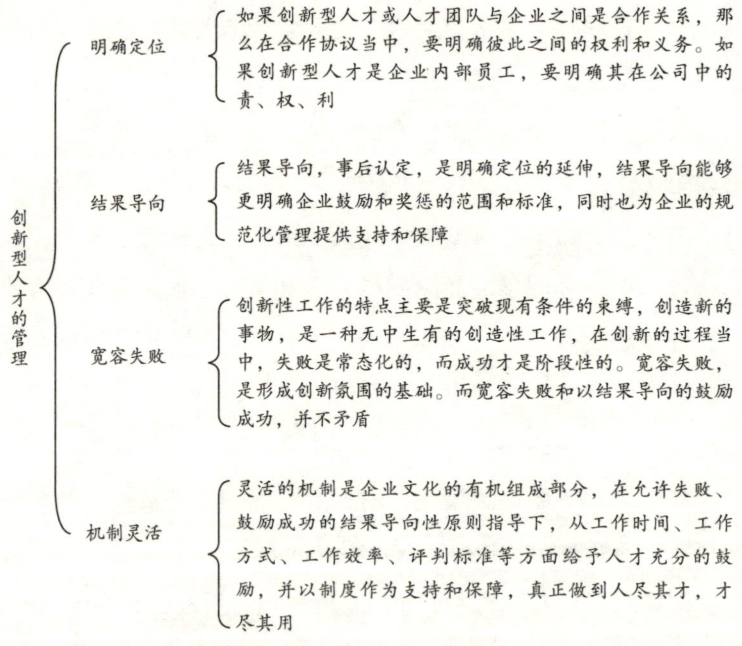

图10-8　创新型人才管理的管理

四是机制灵活。机制灵活，是前面定位准确、结果导向、宽容失败的具体应用和体现。唯才是举，不拘一格降人才，给人才提供更加宽松、良好的环境等，对于这些提法的正确性大家都有共识，但受制于公司制度、规范管理，企业文化和不良影响等托词，很多本应灵活性的机制在组织内却无法实现。我们不能用朝九晚五的八小时工作时间的出勤来考量创新性工作的效率和价值。灵活的机制，应该是企业文化有机的组成部分，在允许失败、鼓励成功的结果导向性原则指导下，从工作时间、工作方式、工作效率、评判标准等方面，给予人才充分的鼓励，并以制度作为支持和保障，真正做到人尽其才，才尽其用（图 10-8）。

第十一章　时尚品牌管理

品牌建设已经上升到国家战略的层面，是国家竞争力的综合体现，代表着供给结构和需求结构的升级方向。长久以来，受制于我国的经济发展水平、发展模式、产品质量、创新能力、诚信经营和品牌意识等因素，我国品牌建设起步虽早，但建设成效并不显著。究其原因，既有经济发展环境和消费需求的制约，也反映出我国并未有效地建立起多方联动的品牌生态运营体系的客观事实。十九大报告指出，中国特色社会主义进入新时代，我国社会主要矛盾已经转化为人民日益增长的美好生活需要和不平衡不充分的发展之间的矛盾。随着经济的发展，消费结构不断升级，消费需求呈现出更加注重品质化、自主性、个性化、互动性等消费需求特征。品牌建设在供给结构和需求结构的升级中将会发挥更多、更大的作用。

一、品牌与时尚的内在联系

时尚和品牌虽然分属不同的概念，但二者在内涵上具有天然的契合点。

首先，时尚企业都会进行品牌化运营。由于分处供应链不同的环节、要素禀赋、自身实力、企业定位和优势以及运营模式等方面不同，很多企业并不实行品牌化运营，他们往往通过代工贴牌等方式运营。这种现象在发展中国家尤为常见，他们往往承接国际供应链转移过来的部分生产和加工环节，利用其自身的劳动密集型等资源方面的优势，来赚取加工费和劳务费。长此以往，必然会是其竞争优势持续下降，不利于企业的长久发展。这既是一种客观现象，也是一种主观选择，截至目前这种企业仍然大量存在，而改变这种状况的方式之一，就是品牌化运营。而时尚企业从其成立之初，就会一直秉承着品牌化运营的理念，时尚和品牌二者是交织在一起的，某种意义上说，时尚管理的核心就是品牌管理。

其次，二者都具有质量上的较高要求。时尚产品是一种附加值较高的产品，具有物质性和精神性两方面的特点。这两个方面，任何质量上的瑕疵，都无法达到其产品的市场定位和应具有的市场效果。而品牌，天然具有品质性、性能性和档次性的要求。品牌表面上是一组数字符号等标志，用于区分与其他企业和产品的差异，但更深层次的是品牌标识背后产品和服务质量的不同，这也是品牌化运营要把握的首要因素。

再次，它们都会对不同的消费群体进行层次划分。这二者都需要进行最严格的目标市场细分，目标市场选择和目标市场定位的工作，这都需要根据自己的产品和品牌的特点，进行精准的目标市场定位，来划分不同的消费群体。如以品牌为代表的奢侈品品牌、快时尚品牌，都是时尚与品牌结合的表达方式。

最后，二者都具有明显的人格和价值体系等文化内涵。时尚类产品和服务要由其设计者或创新者赋予其深刻的文化内涵，因为时尚的背后是文化，这在前面已经论述，这里不再赘述。而品牌通过品牌人格和一定的价值体系等文化层面的内涵，来体现出其独特的个性品质和气质，尤其是设计师品牌，它会体现出设计师的人格，另外品牌也会体现出一定的价值取向、审美情趣、文化底蕴，也能体现一定的社会身份与地位，而这些都是品牌文化层面的表达。换句话说，品牌会成为一种价值符号来表述产品背后的文化故事。所以从文化内涵上说，二者具有一致性。

总之，时尚与品牌两个概念具有天然的契合点，品牌管理是市场管理的核心管理内容之一（图 11-1）。

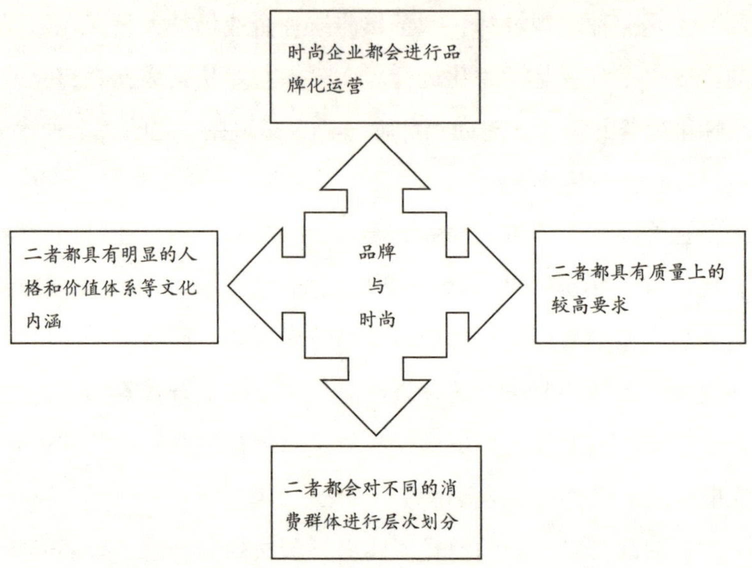

图11-1　品牌与时尚在内涵方面具有天然的内在联系

二、品牌管理在时尚企业管理中的重要地位

品牌对于企业的发展有着重要的意义和作用，时尚企业亦是如此。一般来讲可以分为不同层面来解析。从消费者层面来说，通过品牌可以区分识别产品，在得到产品基本功能的同时，也能得到品牌带来的精神愉悦和满足。从设计者层面来说，通过品牌，可以把自己的美学、艺术、价值观念，有效地浓缩进品牌所代表的产品和服务中去，得到自我实现。从营销者层面来说，可以有效地根据品牌，定位目标市场，实现企业的利益。从区域来说，也有利于提升区域的整体形象。从国家层面来说，有效地实现经济的转型升级，通过品牌实现经济升级，更好的宣传本国文化，增加附加值等。

（一）时尚品牌是时尚企业的代言

时尚品牌代表着时尚产品和服务本身，也承诺了时尚产品和服务背后的质量，更代表了时尚企业的形象。

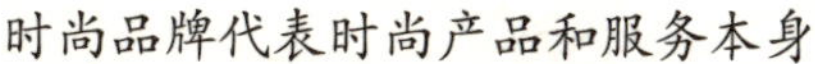

时尚品牌代表时尚产品和服务本身

美国市场营销协会给品牌的定位是：用以识别产品或服务的名称、词语、象征、标志、设计或者上述组合，用以区别于竞争产品或服务。从定义上看，品牌最核心的意义和作用是区分产品和服务的标识，告诉消费者这种产品是我，而不是你或他。它就是商品的名字，它代表了商品和服务本身。这种区别性的功能，能够有效地帮助顾客，有效区分产品和服务的来源或者身份，从而更有效地选择和购买。品牌是一个市场化的概念，它与商标在构成要素、内涵丰富程度、使用范围、有效时间以及法律地位等方面都有差异，但品牌经常与商标结合在一起，通过法律手段和方式共同来保护产品和服务的市场地位。这一点对于时尚产品尤为重要，时尚产品要满足个性化需求，实施精准的目标市场定位，必须把自己的产品和服务形象有效传达到目标客户心目当中，所以品牌以形象、鲜活、易记等特点，更容易有效地传达这种信息，所以时尚品牌本身代表了产品和服务。

时尚品牌代表时尚产品和服务质量

时尚与品牌在品质方面具有一致性的要求。时尚品牌代表了时尚产品和服务的品质，这是在品牌区分功能的基础之上的另外一项功能和作用。时尚品牌代表了时尚企业在产品和服务方面对消费者所做的质量承诺。产品的质量是消费者的基本诉求和更高诉求的综合体，质量通过其性能和档次的划分，可以满足基本的物质需求和精神需求。通过时尚品牌，来代表时尚产品的品质、性能、档次和时尚度。一般来讲，品质是满足消费者需要的程度，包括内在和外观、产品的做工、原料的选择、质地稳定性、一致性等都可以表达一定的品质。性能一般通技术性能功能参数怎么来表示，比如弹性、透气性、舒适性等。档次，一般可以用来表示产品和服务的等级清晰程度，包括用料、目标市场层次等。时尚度，一般通过产品和服务的时尚性、流行性来表达。时尚品牌通过品牌中所孕育的品质、性能、档次、时尚性，来表达时尚产品的质量承诺。

时尚品牌代表时尚企业的形象

企业形象是社会各界对企业整体的印象和评价。企业能够向社会展示的主要方式就是通过自己的产品和服务。品牌能够代表产品和服务本身，也能够标注产品和服务的质量，从这个简单逻辑上可以得出品牌能够代表企业形象。时尚企业尤为注意品牌对企业形象的代表性作用，产品和服务、文化包装、自我期许，把这一切能够代表企业形象的元素浓缩到自己的品牌和品牌文化中去，并通过合适的方式，传播给社会公众和消费者。形象，不是客观事物，是客观事物的主观反应，企业形象，也是人们通过各种感官在大脑中形成的印象，而时尚企业通过自己的品牌运作，不断地重复加强品牌在人们心目当中的印象，最终形成比较稳定的企业形象。如通过品牌定位的稳定性、形象的一致性、人格化，不断地去培养和加强在顾客心目当中的稳定性形象，同时不断地美化和加强公共关系维护，使抽象的企业形象，浓缩成鲜活的品牌形象，时尚企业就是通过一个或多个时尚品牌，在公众心目当中形成自己的企业形象（图 11-2）。

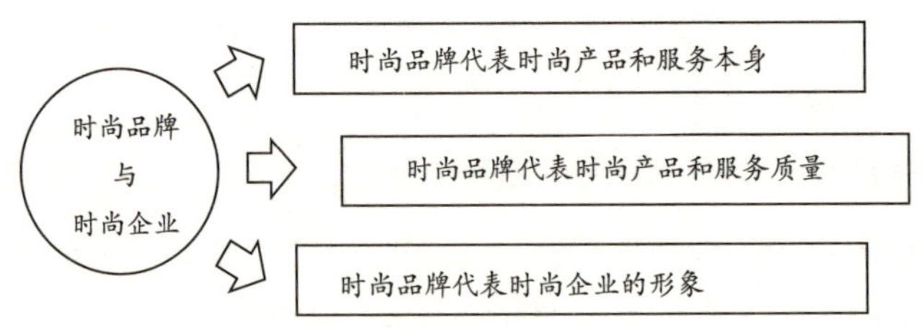

图11-2　时尚品牌是时尚企业的代言

（二）品牌是时尚文化、价值传播的载体

企业总是要面对自己的顾客和消费者。酒香不怕巷子深，从营销的角度可以理解，通过气味儿让消费者了解产品，通过神秘感增加吸引力。不怕不意味着不做宣传，所以传播对于企业来说是至关重要的。还是从营销学的角度，酒香也怕巷子深，酒香只能表明产品的质量，还需要宣传媒介和运作方式才能取得积极的效果。所以传播对于企业尤为重要，对于时尚企业更是如此。前面已经论述过，时尚场品牌代表了市场产品品质和企业

形象，所以通过时尚品牌来作为载体进行宣传，时尚满足的是在物质基础上的人们的精神层次的消费，它需要通过美观的设计、功能性的创新、赋予特殊的价值观念和文化内涵等来满足消费者的需求，而要想把产品和服务完全展示给消费者，就需要通过多种方式来运作。首先通过品牌来凝练产品的功能和文化元素，然后通过营销设计形成良好的方案，进而通过媒介广而告之，进行促销。

（三）时尚品牌价值的累积辅助时尚企业进行资本化管理

品牌具有资本化价值。根据马克思的理论，资本是能够带来剩余价值的价值。品牌是企业的无形资源，品牌由原来的区分功能，通过品牌运作和扩张，具备了形象代言等资本性的特点。品牌的投资、租让、收购、兼并、转售等被广泛应用，通过这些方式可以利用品牌资源进行市场拓展和形象扩张，并可以作为一种资源和商品，在市场上进行交易，品牌的这一特点拓展了品牌管理的内容和作用空间，它可以通过资本的运作方式来得到资本性的回报。常见的品牌资本运作方式包括：品牌的特许经营、品牌授权，品牌代理等方式。一般分为授权者和受许者。授权者将品牌权利有条件地转给收取者，包括产品设计、视觉传达、设计布置、陈列、服务水平标准等，利用收取者的资源进行市场化扩张和品牌推广。时尚企业以品牌立足，其品牌的资本性价值更加明显，所以时尚品牌价值的不断积累，对于时尚企业的资本化管理有着重要的意义（图 11-3）。

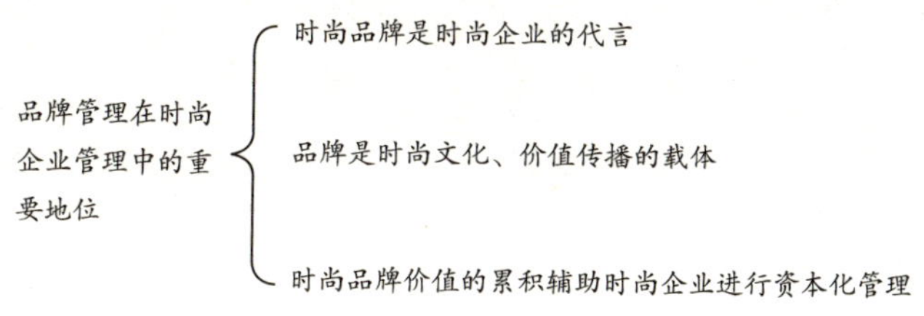

图11-3　品牌管理在时尚企业管理中的重要地位

三、时尚品牌管理的内容

鉴于品牌管理的重要性，专家学者从多个角度对品牌管理问题进行了系列研究。

从品牌市场管理和组织管理的视角进行研究，如王丹丹对如家、浙商银行和小南国等案例分析基础上，分析了服务企业品牌忠诚的形成路径；张冉基于扎根理论，分析了中国社会组织品牌内化的结构维度可以由品牌配置、品牌理解和品牌嵌入这三部分构成，并呈现着“基础—过程—结果”的逻辑关系。从科技创新的视角进行研究，如王保利、娄永乐用科技创新的投入和产出维度与品牌价值做多元回归，得出投入和产出两个维度都正向影响品牌价值，其中研发经费投入存量、研发人员投入存量和研发经费投入强度都正向显著影响品牌价值的结论；张思雪、林汉川运用层次分析法分析中国品牌重塑时应重点关注的品牌价值维度，并对其进行定位和排序，构建中国品牌重塑体系。从品牌战略的视角进行研究，如张克一、唐小飞、苏浩玄、汪阳认为消费者逻辑受到外力的驱动发生改变，且与品牌关系驱动相比，服务创新驱动所发挥的驱动作用更大；任培民、赵树然、张苗提出一种品牌延伸战略价值评估的实物期权新方法，将模糊数与复合实物期权相结合、基于期权定价公式的语言算子扩展、运用成功率修正实物期权定价公式。从品牌建设的视角进行研究，如李杨、丁雯菲通过对区域传统文化在市场杠杆驱动下以及可持续理念驱动下的品牌建设路径的优势及不足进行分析，获得“可持续理念驱动区域传统文化品牌”的建设思路。融入当代审美、消费、精神、使用需求的可持续设计理念可通过文化品牌的精准定位、基于需求的活动策划、古法技艺可持续内核的适度营销，来完成区域文化品牌的创新建设；张茂伟、蓝天、杨嘉琪构建了制度与协同视角下专业镇及其展会品牌价值提升机制模型，分析了区域品牌制度与规范能够促进集群企业与产业服务机构——专业展会的协同，这种协同并不能直接促进区域品牌价值提升，但能够通过展会品牌价值这一中介影响区域品牌价值。从网络平台对品牌影响的视角研究，如陈洁、谢文听、李博构建多元 Logit 模型研究线下品牌属性和在线营销组合变量对消费者下次选择的购买意愿的影响程度，分析在线渠道下影响消费者品牌选择的机理，研究发现，产品属性和网络属性对消费者重购品牌选择产生影响，虽然网络属性会显著地改变品牌选择方式，但传统的产品属性在品牌选择中仍然起到关键性的作用。

这些研究成果在不同的发展阶段，对品牌管理的关键性问题给出了理论的深化和实践的指导，具有重要的学术价值和实践指导意义。同时，这些研究成果也反映了品牌管理是一项综合管理，它包含了企业诊断、产品管理、组织管理、技术管理、市场营销以及财务管理等综合管理的本质和内涵。由于品牌在时尚管理中的重要性，本书结合时尚品牌管理的步骤和前述的文献成果，简单分析时尚品牌管理的综合管理特点。

首先，企业诊断是品牌管理的常态化手段。企业诊断本着“有病治病，无病养身”的原则，通过对企业内外部环境和企业自身的发展状况进行梳理和总结，评判优劣，进而找出优化和改进的方式方法。企业诊断要全面了解市场环境，目标市场和竞争环境以及其公司的财务状况，需要提供力求准确的信息，而时尚品牌还要充分考虑设计师或创新着的创新理念的科学性、市场性等因素。时尚品牌无论在品牌设立，还是品牌运营的整个过程中，要阶段性甚至常态化的进行企业诊断性质的工作，不断改进和优化品牌管理的效果和效益。

其次，品牌管理是战略管理。战略管理是企业或组织立足长远和全局所进行的资源调配决策，具有系统性、科学性和艺术性等特征。战略管理要对未来可能面对的环境做出前瞻性地决策和部署，所以具有不确定性。品牌管理是一种战略管理，尤其是在时尚企业中，品牌战略更是一定时间内企业的重点谋划方向和资源调配的重点。它要在熟悉品牌化战略模式的基础上，全方位掌握公司的财务、产品、市场、企业目前发展的实际情况、自己的优势和劣势，进行战略性部署，一般包括品牌化决策、模式选择、品牌识别、品牌延伸、管理规划等方面的内容。而时尚品牌由于是专注于品牌化管理，所以在此基础之上，更加侧重于多品牌和单品牌的模式选择、品牌内涵，既品牌辨识界定以及品牌延伸等战略的确定和实施。

再次，营销管理是品牌管理的重要内容。市场营销是企业对市场的管理理念和管理方式，它包括对企业有直接和间接影响的宏观和微观环境分析，消费者需求特点分析，进行目标市场细分，目标市场选择和目标市场的定位，并通过产品、价格、渠道、促销以及公共关系维护等手段推行其策略，达到企业的市场化目标。品牌管理的市场化工作是其重心，是检验前期的品牌设计和品牌战略的标准，基于环境分析和品牌特色，对品牌的目标市场进行细分、选择和定位，通过品牌合理化延伸，增强品牌的凝聚力和竞争力。

最后，资本管理是品牌管理的保障和升华。资本性管理主要是把资源进行资本化，根据社会环境的需要，来保持和创造长期价值和效益。前面已经论述过，品牌具有资本性的特征，品牌管理具有资本性管理的特质。品牌的资本性特征包括：品牌的知名度、品牌的认可度、品牌的联想度、品牌的议价能力、品牌的忠诚度等。品牌的这些资本性内涵特征，都是在其最基本的区分功能基础上的市场化衍生，而这些品牌特点能够为品牌企业带来更多的市场份额和丰厚的利润回报（图 11-4）。

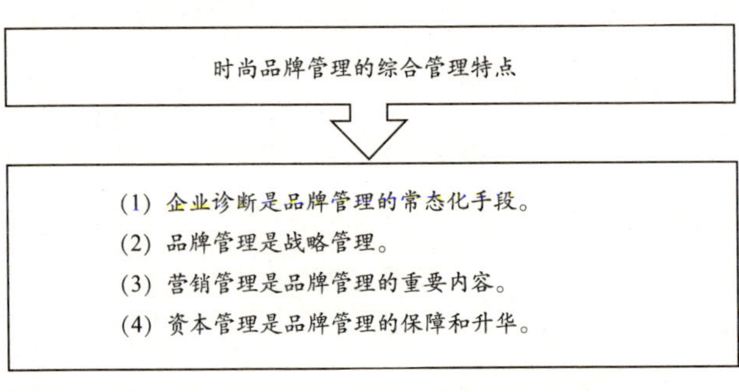

图11-4　时尚品牌管理的综合管理特点

四、时尚品牌的生态化运营

（一）品牌生态运营体系的含义解析

生态系统是生物与环境构成的统一整体，强调的是个体和非个体之间的相互依存，多方共赢的局面。“生态”的概念被引入经济学、管理学等学科研究，引申出了产业、商业生态圈等理论。本研究把这一概念引入品牌系统的建设中，品牌生态运营体系是以品牌企业为核心与相关产业共同构建的相互影响、相互促进而又相互制约的有机整体。可以从以下方面分析品牌的生态的含义和运营特征。

1. 品牌的生态化演进路径

品牌具有生态化的演进路径。自然界的生态演进是从简单到复杂、低级到高级的动态过程。品牌的发展路径也是如此。品牌早期作用主要是区分。作为标识，品牌主要用于区分同类商品。随着品牌的使用，越来越多的用户相信并愿意购买自己中意品牌的产品，通过重复购买，逐步形成了品牌的忠诚度，即用户黏性，品牌的价值被得以重视。品牌可以帮助产品适度地脱离产品本身的价值，形成更高的价格。同时，系列的产品被冠以同样的品牌也能取得较快的市场回报等。品牌价值的挖掘也是从基础到复杂，表象应用到价值挖掘的过程，也是逐步从单业务到产业链扩展不断进化和完善的过程。在这个过程中，品牌企业内部和品牌企业之间也逐步地形成了分工合作、依赖和竞争的复杂关系（图 11-5）。

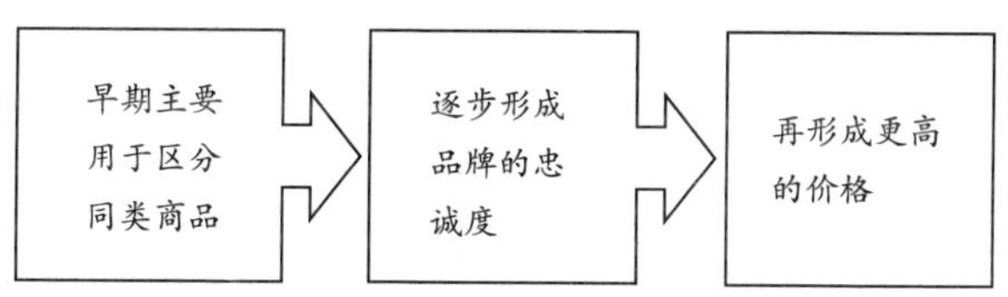

图11-5　品牌的生态化演进路径

2. 品牌的生态系统构成

按照生物环境的构成要素，即生产者、消费者和分解者。品牌生态也具有类似的构成，品牌的整个生态系统包括设计、生产、库存、物流、评价、用户反馈、分析等各个利益角色，还涉及很多细分服务：政府政策支持、社交平台、企业投资、供应链管理、快递公司等。总体分析，品牌的生态系统包括品牌的提供者、消费者和相关群体。这些环节在品牌的价值链条中缺一不可，正如生态系统中若食物链被破坏或断裂会引发生态圈灾难一样，它们相互作用，相互影响，共同构成统一的有机主体（图 11-6）。

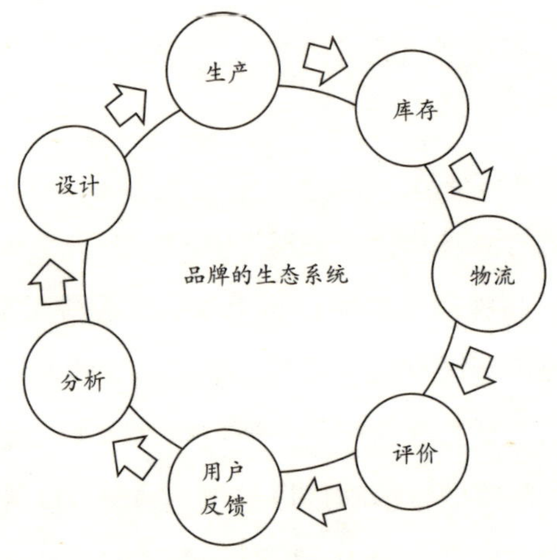

图11-6　品牌的生态系统构成

3. 品牌生态具有自我调节的动态平衡功能

物竞天择，优胜劣汰，是生物进化的路径，同时也维持一定时间和范围内生态环境和物种的平衡状态。品牌在发展中，也存在这样的市场竞争法则，在每个阶段，都会体现适者生存的淘汰法则。品牌生态也是一种能够自我调节的动态平衡体系。通过市场来调节供求关系及产品；通过并购等手段调节品牌企业组织的数量和规模，并优化结构，强化功能，提高品牌企业的自律和内控水平，推动新的品牌组织、品牌服务和时尚品牌产品的创新；通过相关组织防止生态竞争中的盲目行为和恶性倾向，增强生态的适应性和稳定性。

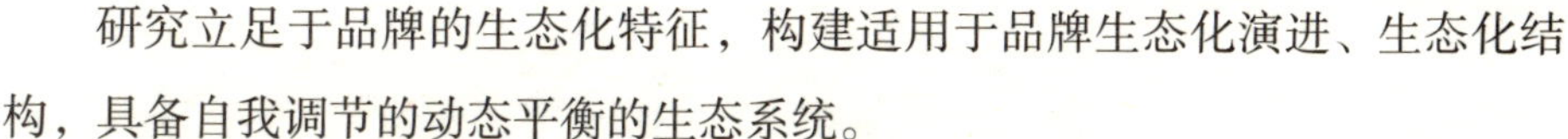

研究立足于品牌的生态化特征，构建适用于品牌生态化演进、生态化结构，具备自我调节的动态平衡的生态系统。

（二）品牌生态系统的构建及相关因素分析

品牌生态系统主要以核心品牌和品牌群企业为核心，主要包括内部生态运营体系和外部支撑服务体系：内部生态运营体系包括产品设计、产品展示、产品生产、产品储存、顾客购买、物流配送、售后评价、大数据分析预测流行趋势；外部支撑服务体系由政府政策支持及服务性机构、企业资金、物流公司、供应链管理系统、社交平台以及购物平台组成。这是新时代品牌系统的基本构成。

新时期品牌生态系统的构建引入了互联网，充分利用了互联网的平台属性和价值经济特点，从而完善了品牌的生态化运营体系。

在时尚品牌的平台中，其核心就是品牌企业，品牌与其相关的产业也构成了生态圈，其生态圈是以时尚品牌的平台为中心，在内部包括设计、生产、库存、物流、评价、用户反馈、分析等各个利益角色；在外部又涉及很多细分服务：政府政策支持、社交平台、企业投资、供应链管理、快递公司等。这些外部服务不属于平台的子系统模块，却与平台有着千丝万缕的联系。时尚品牌的平台为这些价值链上的更多环节，构建高效的辅助服务，增强了平台各边及各关联模块的蠕性，增强了平台的竞争壁垒，从而联结成时尚品牌平台生态圈。因为在一定区域内，一个品牌或单个组织不能够长期单独生存。品牌直接或间接地依靠别的组织而存在，并形成一种有规律的组合。具体来说，时尚品牌生态圈是指品牌及其赖以生存发展的相关环境复合而成的生态系统，其构成主要包括内部生态运营圈和外部支撑服务圈，第一层生态运营圈包括核心品牌和品牌群生产企业；第二层包括产品设计、产品展示、产品生产、产品储存、顾客购买、物流配送、售后评价、大数据分析预测流行趋势；第三层由政府政策支持及服务性机构、企业资金、物流公司、供应链管理系统、社交平台以及购物平台组成（图 11-7）。

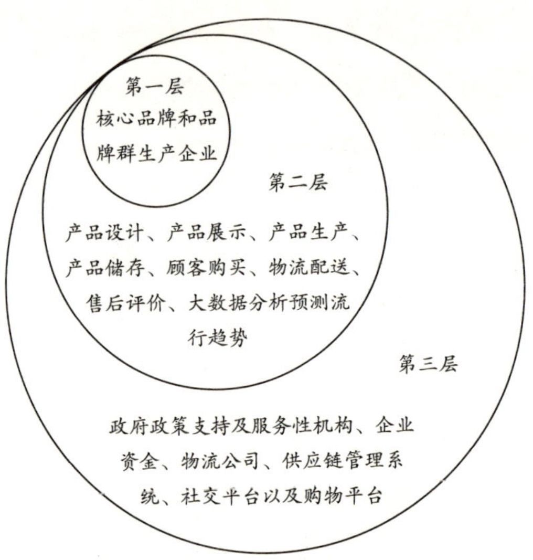

图11-7　时尚品牌生态圈的构成

（三）品牌生态的演绎路径和模式创新

品牌企业产业链的延伸和价值链的形成

由于内外部环境的变化，为了生存和发展，品牌企业逐步形成了与上下游合作的品牌的产业链。产业链的构建是围绕品牌核心企业，通过信息流、物流、资金流的控制，从采购原材料开始，制成中间产品以及最终产品，最后由销售网络把产品送到消费者手中的将供应商、制造商、分销商、零售商，直到最终用户连成一个整体的功能网链结构。它不仅是一条连接面料供应商到用户的物流链、信息链、资金链，而且是一条增值链，原料在供应链上因加工、包装、运输等过程而增加其价值，给相关企业带来收益。而产业链上的核心企业以满足顾客的需求为共同目标，去实现品牌供应链整体效率为核心的组织管理，其本质是通过品牌产业链整合为顾客创造价值，从而实现纺织服装企业的持续盈利和发展。它的范围包括从最初的原料直到最终产品到达顾客手中的全过程。管理的对象是在此过程中所有与物资流动及信息流动有关的活动和相互之间的关系。它把产业链上的各个企业联系起来看成一个不可分割的整体，企业间互相合作，分担采购、分销和销售的职能，协调发

展成为一个有机体。时尚品牌的供应商、制造商、分销商、零售商、中间服务商都在这条产业链上，我们可以把它们进行整合优化，使其能以最快的速度通过生产及分销环节变成增值的服装产品，到达消费者的手中。这不仅可以降低成本，减少社会库存和浪费，而且可以使社会资源得到优化配置。品牌企业形成产业链最终目标是形成品牌竞争力，而实现的主要手段是提升客户服务的能力。而客户服务又要通过产业链的横向一体化管理和信息流、物流、资金流的协调来保障。其目的是将顾客所需的正确产品能够在正确的时间、按照正确的数量、正确的质量和正确的状态送到正确的地点，并使成本最小（图 11-8）。

传统贸易平台和电子商务平台

产业链是单向的、直线式的，开发出产品后要交给产品运营，运营商在接到产品后，根据产品特性寻找合适的产品渠道，而产品渠道后面还有运营商、支付平台等环节层层榨取利润，最后产品才能到达用户手中。产业链这样的配置方式，使得每个模块都受前后环节的制约，每个模块的成本和利润层层加码，最后都叠加到用户身上。而平台出现后，产业链上十多年的游戏规则被打碎了。

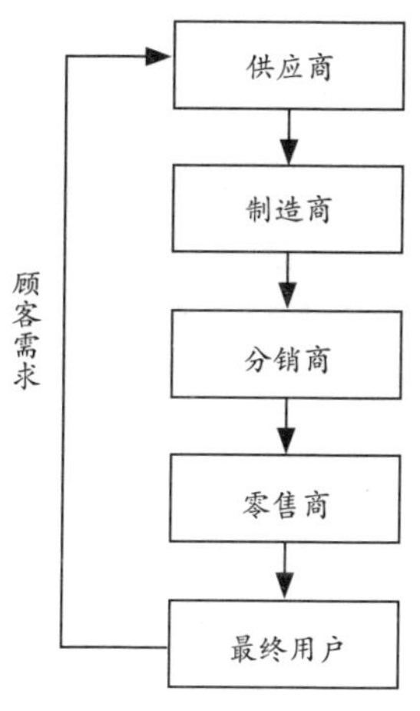

图11-8　品牌企业的产业链

从产业链到平台，各个模块的关系已经不仅仅局限于传统的线性关系，而是向着广、深、密三维交叉的方向延伸，如网络般纵横交错，这种网络化的存在可以不断向外延伸，甚至可以说是没边界的。平台与产业链的最大不同在于，平台塑造出了全新的产业模式。

传统贸易平台通常是指各种贸易主体从事贸易活动的载体，具有公共性或第三方的特征，是为贸易双方提供交易场所、交易载体、交易方式。传统贸易平台主要指专业市场、展会以及承载多个贸易企业群的城市等。电子商务平台在社会信用环境的提升、相关法律法规的健全、信息技术的成熟、现代运输体系完善的基础上，逐步实现了包括洽谈、签约、付款、结算、运输、报关、纳税等贸易流程的电子化，从而以其强大的信息集散和贸易功能对传统贸易平台产生强烈冲击，甚至出现替代效应。

电子商务平台能够运用信息技术的手段，对大量的信息进行分类整合，贸易企业可以通过强大的搜索引擎进行高效的信息配置以节约成本。同时，电子商务平台将传统贸易平台所带来的大量贸易数据电子化，并通过信息技术手段对贸易数据进行研究与分析，得到对各行业的研究报告。各行业的研究报告一方面可以出售，成为电子商务平台的一笔重要的信息财富。另一方面，各行业的研究报告也能够推动电子商务平台对自身经营的改进，从而持续提升电子商务平台的经营效率。除此之外，电子商务平台所具有的“网络广交会”模式能够聚集大量的贸易企业与产品信息，吸引汇聚众多采购商（图 11-9）。

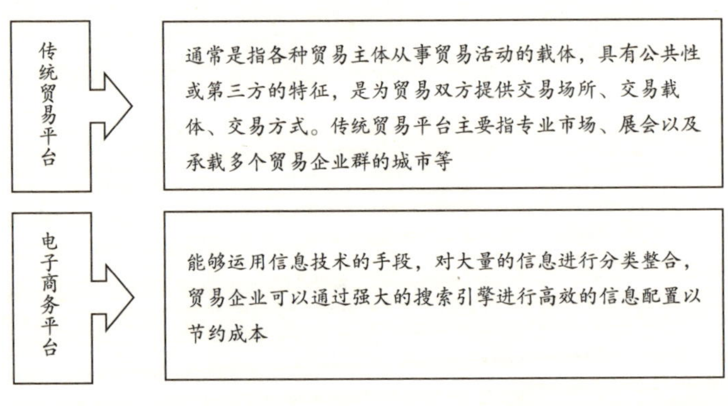

图11-9　传统贸易平台和电子商务平台

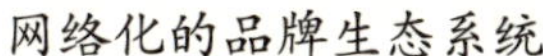

平台经济是基于平台的经济现象。当前的平台，主要指的是互联网平台，有专家专门论述过平台经济，并把它作为当前经济的创新型代表。互联网的平台性，决定了其典型的服务特性，而开放、共享和促进的平台性效果，既符合互联网平台的特性，也符合当前人们的供给和需求的经济发展要求。政府工作报告中提到的分享经济和共享平台，都是互联网经济发展的本质属性和要求。创新是互联网的本质属性之一，其产生和发展的核心就是创新，运用现代的信息技术，打造核心的互联网产业，影响和促进着国民经济的其他产业，形成新的商业形态；以互联网平台性为本质特征，不断地促进交易、分享信息、充分交流和沟通，具有典型的现代服务业特征，互联网经济已经成为国民经济增长的新引擎。尤其是互联网经济下，不断运用信息网络等现代技术，推动生产、管理和营销模式变革，重塑产业链、供应链、价值链，改造提升传统动能，使之焕发新的生机与活力。

品牌的发展正在由模式创新向着品牌的生态运营体系方向演进，互联网的发展，平台经济出现，网络化的品牌生态系统已经逐步成型。品牌生态系统主要以核心品牌和品牌企业为核心，包括内部生态运营体系和外部服务支撑体系，互联网的创新性和服务性特征，使得品牌生态系统能够较好地、持续性地运转，并具有自我调节的动态平衡功能。

第十二章　时尚企业的企业文化

一、企业文化

（一）关于企业文化含义的理解

一般来讲，“企业文化，或称组织文化（Corporate Culture 或 Organizational Culture），是一个组织由其价值观、信念、仪式、符号、处事方式等组成的其特有的文化形象，简单而言，就是企业在日常运行中所表现出的各方各面。”“企业文化是在一定的条件下，企业生产经营和管理活动中所创造的具有该企业特色的精神财富和物质形态。它包括企业愿景、文化观念、价值观念、企业精神、道德规范、行为准则、历史传统、企业制度、文化环境、企业产品等。其中价值观是企业文化的核心。”“企业文化是企业在经营活动中形成的经营理念、经营目的、经营方针、价值观念、经营行为、社会责任、经营形象等的总和。是企业个性化的根本体现，它是企业生存、竞争和发展的灵魂。”这些界定描述了企业文化的基础特征和一般构成要素，也指出了其作用和意义。

首先，企业文化是文化范畴的概念。前面我们已经就文化问题进行了探讨。我们很难给文化做出一个统一的界定，企业文化作为文化的范畴，也很难给出一个毫无争议的界定。所以研究企业文化的界定问题，从必要条件逆向倒推企业文化的特征、作用、构成要素和内容体系反而能够形成一定的普遍性认可。

其次，企业文化是一种亚文化，或集体文化。亚文化是与主文化相对应的非主流的局部的文化形象，它反映的是特定领域、区域或集体的一种价值观念。亚文化与主文化相通、相融、相互影响，也是主流文化在一定领域或区域的特殊表达。企业文化作为亚文化，是在企业或组织内的一种价值理念。

第三，企业文化是一种规范行为。之前在分析文化的内容体系时，从认识层面把文化分成了两个方面：一方面是人类在认识适应和改造自然过程中形成的知识和技能；另一方面是作为社会化产物形成的规范性文化。可以看出，企业文化更加侧重于价值观念、企业精神、道德规范、行为准则、传统制度、环境等，而这些显然是通过树立一定的价值观念，影响、示范和规范员工的言行，形成企业的风貌，因此企业文化是一种规范性的文化。

另外，笔者建议把企业文化放到文化的架构中去研究，即按照文化的内涵和外延来研究企业文化，不能过分地夸大企业文化的范畴。广义的文化与文明交融，具有物质性和精神性，但在具体研究中，利用这样广义的界定会过于宽泛，且缺乏标准。上述描述中把企业的产品也作为文化层面的问题去研究，笔者持保留态度。因为这样会淡化企业文化作为文化的核心意义和价值。当然，如果把产品创新背后的文化价值进行系统分析，则是另外的专题。核心表述是想把企业文化作为文化层面的问题来研究，要把握住这个核心和本质（图 12-1）。

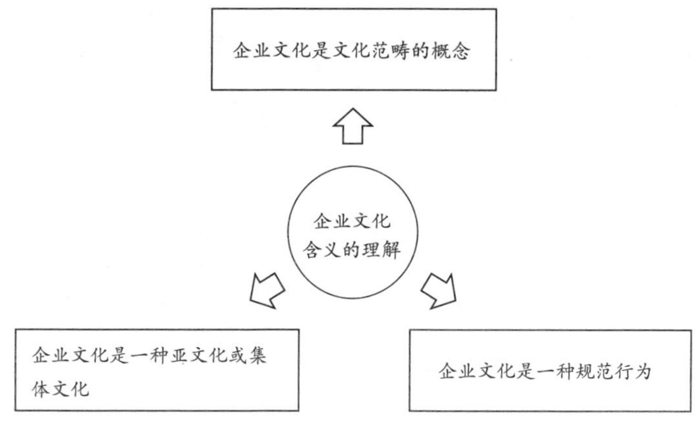

图12-1　关于企业文化含义的理解

（二）关于企业文化是自发性还是自觉性问题

关于企业文化的产生有这样的描述：企业领导者把“文化变化人”的功能应用于企业，以解决现代企业管理中的问题，就有了企业文化。

一方面，这个描述显然把企业文化当作一种自觉性的行为，发自于企业管理者，是一种有目的有意识的行为，这符合当前企业文化建设的实际。但如果追溯企业文化的产生，这个结论显然还有待商榷。霍桑实验的四个阶段中，群体实验发现职工的社会人属性，企业中存在着非正式组织，工人的情绪是决定生产效率的一个重要因素。梅奥等人据此提出了人际关系学说。笔者认为，从霍桑实验的结论开始，企业文化才正式进入自觉性阶段。根据目前的文献研究发现，认识员工的社会人价值，提高工人的满意度，重视企业中的非正式组织，并加以引导，恰恰是企业文化构建的核心内容。因为之前没有这样的研究记载，所以如果进行阶段性划分的话，霍桑实验将是企业文化自发性和自觉性的分界点。

另一方面，并不是说霍桑实验之后，所有的企业文化都是管理者通过自觉方式形成的。霍桑实验的群体性实验告诉我们，团体中会自发的形成一种非正式组织，它们通过默契的方式去规范着群体成员的行为，而这种非正式组织的规范，本身就是属于企业文化架构层面的范畴。截至目前，很多组织、群体和企业，并不重视企业文化的建设，没有专门的设想，没有行之有效的方案，在这些企业和组织中也会有独特的企业文化或组织文化，只是它是通过自觉性的形成，通过群体的张力，来形成一种群体的价值观，作为一种行为规范约束着个体的行为。

换句话说，一个企业或组织，无论是有意识的重视，还是放任不管，都会形成某一种企业或组织文化。但二者对于管理者的意义和作用却不同。自发性形成的企业文化，缺乏明确的价值引导和建设规划，它是群体默契的接受者，就如霍桑实验中的那样，往往起到非积极性的效果。而通过自觉性的行为形成的企业文化，可以树立、明确和引领价值观，对群体中的非正式组织有更好的约束和利用，更有利于实现公司或组织的目标。

企业文化的这种内生性、自发性的特点，告诉企业管理者，必须要注重企业文化存在的价值，堵不如疏，与其放任，不如疏导和利用，更好地为企业管理服务（图 12-2）。

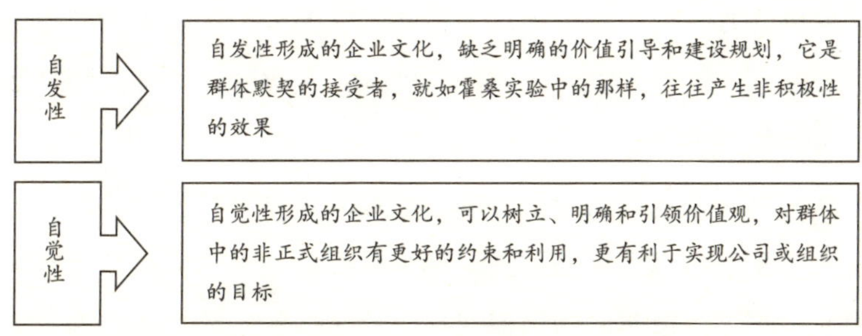

图12-2 关于企业文化是自发性还是自觉性问题

（三）对企业文化作用和意义的认识和理解

对企业文化作用和意义理解的广度和深度会直接影响企业文化发挥作用的空间。就一般意义理解，企业文化可以激发员工的使命感、归属感、责任感、荣誉感和成就感等。这种理解仅从企业文化对员工的作用来分析，事实上企业文化的作用空间远不止于此。对企业文化的作用空间，我们可以从对内和对外两个方面来理解。二者的关系是，企业文化对内的作用成果决定了对外的实际价值和效果。

企业文化对内的作用

企业文化对内作用的发挥，主要是通过构建软环境，来发挥对于内部成员的鼓励、规范等影响作用，如前面所提到的通过激发员工的使命感、归属感、责任感、荣誉感和成就感等，这体现了文化核心影响的对象还是人。

在制度与文化的关系中，是在制度的制定和执行当中彰显文化价值。制度基于一定的价值判断，具有规范性的特征。通过制度的制定来体现公司的价值观，来约束员工行为。没有最完善的制度，制度的不够完善和执行制度的僵化，往往会有违制度制定的初衷，所以在制度之外，还要采取无形的文化氛围，来鼓励规范和约束员工的行为，弥补制度在制定和执行中的缺憾。如果说制度是一种客观约束，那么企业文化能够帮助，激发主观的能动性和积极性。尤其是对于时尚企业，在结果导向、创新氛围、柔性管理的要求下，制度性要求降到最低，文化的软约束更为重要。

在文化与组织结构的关系中，企业文化可以弥补组织结构设计的孤立，从而形成合力。组织结构是对于企业工作的分工和组织安排，要想取得1+1>2 的效果，必须要形成一种整合的机制，有效地协调各部门之间的工作关系。单纯靠制度规定是很难形成这种合力的，要确立共同目标，形成氛围，才能真正取得组织结构分工后的合成效果。对于时尚企业而言，创新氛围需求强烈，无论是小组还是团队，都需要简化的工作流程和常态化的多部门合作沟通，都需要以共同的价值观和文化塑造的软环境来作为支撑，才能取得真正的效果。从这个意义上说，组织结构能够帮助企业进行分工和有条件的整合，而企业文化才能够真正地帮助企业形成最有效的合力。

总的来说，企业文化可以帮助公司形成良好的组织氛围、提高工作效率，提高员工满意度，最终形成良好的经济效益。另外，也可以被赋予社会责任的使命，增加员工的满意度、责任感、荣誉感，完成企业的社会责任。

企业文化对外的作用

企业文化对外的作用主要体现在对内效果的外部性应用取得的经济效益和社会效益。

社会效益。第一，企业文化可以帮助企业员工树立正确的职业观、价值观、责任感，这种对内部员工正确引导，员工作为社会人在参加社会活动中的主流的价值观念，更有助于整个国家社会的核心价值观的形成，进而取得更好的社会效益。第二，企业文化所达成的效果，可以是企业的一种整体风貌，而这种整体的风貌可以作为一种模式产生积极的示范和推广效果，有利于整个行业领域或区域的整体文化发展。

从经济效益来看，企业文化所形成的规范性行为和积极向上的风貌，能够给企业带来良好的美誉度，从而给企业带来市场价值。企业文化也可以作为企业的一种无形资产，帮助企业在市场竞争当中获得更好的市场地位和经济效益。另外企业文化本身可以作为一种模式和方式，以一种有偿的方式进

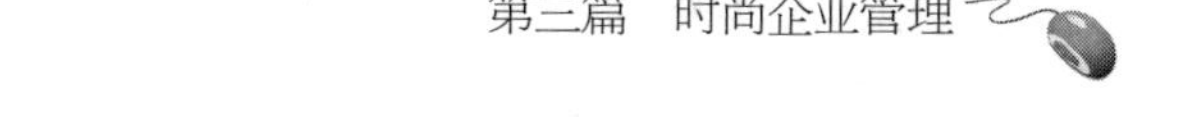

行宣传和推广，在取得良好的社会效益的同时也能获得经济效益（图 12-3）。

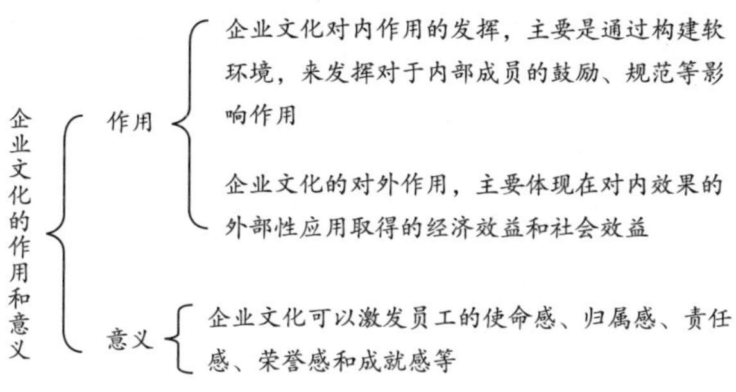

图12-3　对企业文化作用和意义的认识和理解

二、关于企业家精神和企业文化

（一）企业家精神的形成

企业家的概念提出较早，但比较系统地对领导行为的认识和研究可以追溯到 20 世纪以后组织科学和行为科学的研究成果。法约尔把管理作为独立于经营之外的职能，把管理的基本职能分为计划、组织、指挥、协调、控制，在这些基本职能的划分中，已经隐含了对于领导者行为的重视。从霍桑实验之后，行为科学扩展了研究的领域和范围，除了研究个体行为，还研究群体行为和领导行为。早在 1939 年，爱荷华大学的 Lewin、Lippitt 和 White 提出专制型领导风格和民主性领导风格，开创领导行为理论。

在西方经济学的研究当中，把企业家才能作为与劳动、土地和资本并列的第四种生产要素。在不同的翻译版本当中，也有的把这种要素叫组织。

虽然管理学和经济学的研究角度不同，但无疑都对企业家这一特殊的群体在经济和管理中的特殊地位和作用，给出了充分的重视和认可。企业家的才能主要体现在企业的管理基本职能的发挥和效果上。企业家精神的研究就是在对企业家个体、行为、心理和社会学等研究的过程当中逐步形成发展起来的（图 12-4）。

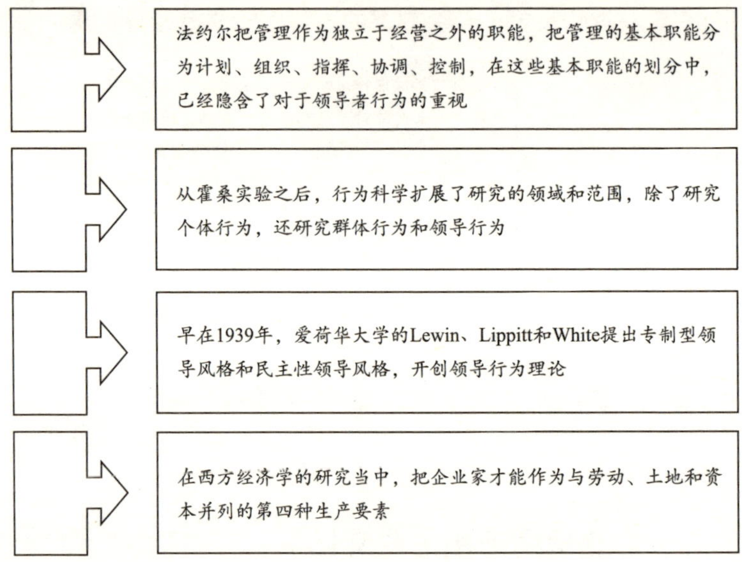

图12-4 企业家精神的形成

（二）对企业家精神的理解

精神一词的含义很丰富，主要包括人的生命体征、自我意识、理念、精力活力、风采神韵、神情意志等，但在这里精神更主要表现的是一种意识和品质的心理状态。企业家精神主要是，企业家在企业管理过程中体现出的具有显著特征和正能量的素质、价值取向及思维模式。对于企业家精神的理解：

第一，企业家精神的表现是素质和文化层面的。一般来讲，企业家精神是一种意识形态，能够体现某些精神品质和价值判断。

第二，企业家精神应该具有正能量，探讨企业家精神的时候，一般都从正向的角度来分析其作用和影响，所以在这里它是一个褒义的概念。

第三，企业家精神是企业文化的核心要素，很多企业依据企业家精神来构建自己的企业文化，二者相互作用、相互影响、相互丰富各自的内涵。例如创新精神、冒险精神、工匠精神，本身就是众多企业文化构建的核心要素。

第四，企业家精神应该是一种群体精神。企业家具有特殊的个体、群体和领导行为的综合性特征。企业家精神作为企业文化的核心架构，应该具备显著的群体性的特征，没有企业它就是个人精神，有了企业才能称之为企业家精神，因此它应该是在群体当中产生和发挥作用的一种文化形态。而且企业家精神应该是具有个人特点的群体智慧的凝练，而不应该是个人英雄主义的简单表达。

第五，企业家精神应该具有结果导向。企业很多，但不是所有的企业主、公司老总都可以称之为企业家，也不一定所有的企业家都具有企业家精神。企业家精神具有显著成效、独特价值、可作为典范加以学习和推广的模式性特征（图 12-5）。

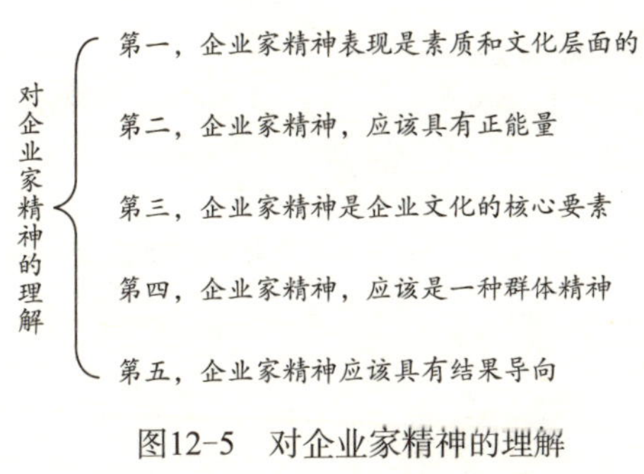

图12-5　对企业家精神的理解

（三）企业家精神在企业文化中的地位和作用

首先，从行政组织管理的角度，韦伯把组织权力分成理性—法律权力、传统权利和神授权利，据此进行等级制度的划分。而企业家具备的就是理性—法律权力，而企业家精神具有这样的权力特征和属性，所以从行政组织的角度，企业家精神具备成为企业文化核心架构的优势。

其次，从前面分析企业家精神的特点中可以看出，企业家精神应该是具有正能量的，而且是结果导向的被验证了的，具有独特作用和价值的一种典范。所以从企业文化发挥作用的角度，企业家精神应该在企业文化中得到重视。

再次，企业文化的形成过程中，需要采取多种形式，才能够把文化教育深入企业的各个层面。企业家精神应该是在企业经营管理方面的成功，它具有内生性、与员工的零距离，同时兼具鲜明的个体性、成功性、示范性等特征，所以更容易得到普遍的认同，一定程度上减少企业文化普及和推广中的阻碍。

最后，企业家精神也是集体智慧的结晶。从来源上看，它应该是把企业家管理才能结合企业实际凝聚出来的普世的价值观和行为方式，所以在企业文化中应该具备重要地位和价值（图 12-6）。

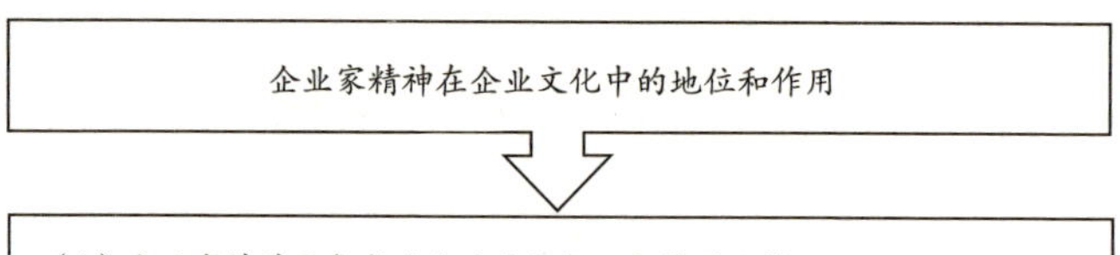

（1）企业家精神具备成为企业文化核心架构的优势
（2）企业家精神应该在企业文化中得到重视
（3）企业家精神在一定程度上减少企业文化普及和推广中的阻碍
（4）企业家精神也是集体智慧的结晶

图12-6　企业家精神在企业文化中的地位和作用

三、时尚企业的企业文化

（一）文化企业的企业文化

时尚的背后是文化，时尚是文化的时代性表达，而且很多时尚企业具有创意文化的特征，文化企业一般是以文化创意等无形资本为投资要素，提供以精神性内容为主的文化产品和服务的盈利性组织。因为其本身就是以文化性产品和服务为主体，所以与企业文化具有天然的契合点。例如，以服装设计为主的创意性企业，其核心价值体现的内容和产品就是创意性设计，所以创意性文化氛围是其公司成立和发展的基本，而不用特意塑造，这种文化性的特质会充分体现在公司的宗旨、组织结构、规章制度以及日常行为等方方面面。时尚企业的文化企业特质会影响到其企业文化的形成和表现。

（二）创新型企业文化

关于时尚企业的创新性、创新特点、创新文化氛围等前面已经有诸多论述。这里想从创新型企业文化的表现和文化建设重点这样的角度来解析时尚企业创新型企业文化的特征。

首先，重视人才。时尚企业或者传统企业的时尚性部门，人员相对精炼，因为它不是传统的劳动密集型企业，而更多的是创意、创造、技术型企业，所以对工作人员的质的要求要高于对量的要求。在有限的人员编制范围内，对于人员的选拔、人员的使用，以及为了保持队伍稳定所给予人员的重视是非常高的，尤其是领军型的创意型人才，在时尚企业中更是具有特殊的地位。这种知人善任的作风和氛围，更能发挥人才的创造性才能，保持持续性创新。

其次，把行业特点融入企业文化中。时尚企业本身就是文化企业，文化企业中树立良好的企业文化，二者应该是相统一的。对于时尚企业来说，创新是其本能和本职工作，也是其行业的共同特征。而创新型文化要塑造的就是形成和保持这样的创新性氛围，企业内部结构和制度要求要与这种氛围相一致。

最后，学习型组织的构建。创新工作不是无源之水，无法凭空捏造。更要杜绝为创新而创新，没有实际意义和价值的创新。文化的传承过程也是创新过程，我们可以看到能够成为经典并延续至今的传统文化，在其传承和沿革的过程中不断融入新的元素，从而不断充实和丰富其内涵，这样才能保持文化的竞争力和优秀性。而这种传承性也是创新的最重要的来源。所以学习型组织的构建是时尚企业创新文化形成的基础和源泉。在创新当中，技术要融入哲学思想，设计要融入文化元素，模式要融入商业元素，而这些不断充实和丰富的元素，才是时尚企业不断进行创新的根本原因。

另外，良性的竞争性有助于创新型氛围的形成和保持。竞争分为内部和外部，外部竞争压力之下，创新的紧迫性和积极性会更强，会使创新成果转化速度更快。内部良性的竞争，成员之间互为标杆，有助于持续创新的氛围形成和创新质量的提高，在竞争压力之下，会形成相互参照和比较，有利于创新成果的优化，使创新成果具有提高效益性的良好效果（图 12-7）。

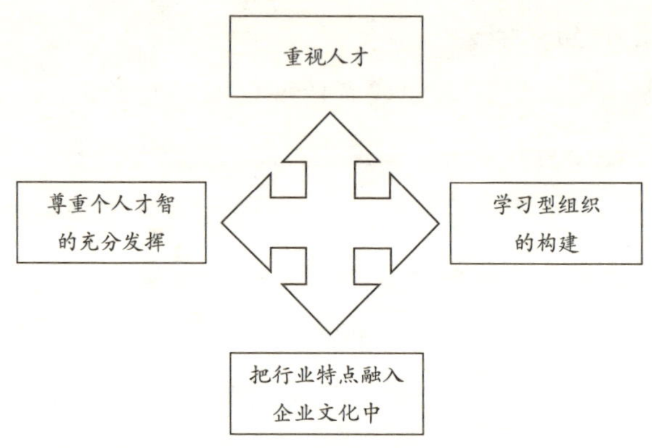

图12-7　时尚企业创新型企业文化的特征

（三）权力距离较小

权力距离是组织中权力分配不平等情况的接受程度，它不是组织结构当中的行政等级，而是人们对这种权利分配的一种心理接受，反映的是不同文化背景下人们对权力的重视程度。权力距离较大，反映的是具有特权性、等级的严格性等组织特征。反之，体现的则是合法性、平等性等组织特点。显然，相对来说，时尚企业的权力距离较小，它更加注重的是能力的发挥，它的能力更加体现在公司职位上的变化和受公司的重视程度，其行政化程度相对较低。

（四）不确定性的规避较低

霍夫斯泰德指出，不确定性的规避是指一个社会受到不确定的事件和非常规的环境威胁时，是否能通过正式的渠道来避免和控制不确定性。不确定性的规避反映的是一个组织对于风险、安全的态度和倾向。一般来讲，回避程度较高的文化，比较注重地位资历，接受较大的职业安全，很难容忍偏激的行为和观点，以正式的规则和组织制度框架来最大限度地避免风险带来的不确定性。反之，回避程度低的文化体现的包容性较强，对于先进观点和行为有着较强的接受度，敢于质疑，挑战权威，比较注重个人的意见和主张发挥。而时尚企业的企业文化显然属于后者，创新的使命让它们敢于去质疑和突破，快速迭代的市场环境让它们时刻保持危机意识，不断变化和调整，以适应市场的需求，包容各种观点和偏激。

（五）团队创新中的个人主义

霍夫斯泰德确定的这个维度原意是个人主义或集体主义（Individualism versus Collectivism）维度，是衡量某一社会总体是关注个人的利益还是关注集体的利益。运用到时尚企业文化特征分析中，我归纳为团队创新中的个人主义。时尚企业为了提高创新的质量和速度，一般都以团队合作的形式来进行研发设计和创新工作，时尚企业的创新基本都是项目管理的方式，实行团队合作，这体现的是集体主义，兼顾了科学性、客观性和效率性。但这种项目管理当中，项目负责人的地位非常重要，无论是项目的立项、执行、结果验收、执行绩效，都处于非常核心的地位，一般项目都实行项目负责人负责，这使得他在人员分工、资金调配、实施方案、成果排名以及绩效发放等方面，具有最高的权威性，从这个意义上说，具有明显的个人主义的倾向。

（六）短期取向性

长期取向与短期取向（Long-term versus Short-term）维度指的是某一文化中的成员对延迟其物质、情感、社会需求的满足所能接受的程度。

时尚行业具有一定的特殊性，时尚产品的市场生命周期短，市场迭代较快，产品一旦陷入大众化市场，就失去了时尚产品的本质特征，无法引领人们的精神性消费，即需要进入下一轮的创新周期。就像广告中说的那样，不求天长地久，只要曾经拥有。时尚企业市场制胜的法宝，不仅是创新的质量，还要有创新的速度。这样的行业背景造就了时尚企业的企业文化，即对于市场的敏感性、创新的速度和效率、市场的转化程度、消费者的变化特征和满足关注度较高，体现的是短期取向的文化特征（图 12-8）。

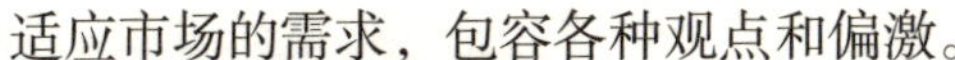

时尚企业的企业文化

- 文化企业的企业文化
  - 文化企业一般是以文化创意等无形资本为投资要素，提供以精神性内容为主的文化产品和服务的营利性组织。因为其本身就是以文化性产品和服务为主体，所以与企业文化具有天然的契合点
- 创新型企业文化
  - 时尚企业创新型企业文化的特征：首先，重视人才；其次，把行业特点融入企业文化中；再次，尊重个人才智的充分发挥；最后，学习型组织的构建
  - 良性的竞争有助于创新型氛围的形成和保持
- 权力距离较小
  - 时尚企业的权力距离较小，它更加注重的是能力的发挥，它的能力更加体现在公司职位上的变化和受公司的重视程度，行政化程度相对较低
- 不确定性的规避较低
  - 时尚企业的企业文化不确定性的规避较低，创新的使命让它们敢于去质疑和突破，快速迭代的市场环境让它们时刻保持危机意识，不断变化和调整，以适应市场的需求，包容各种观点和偏激
- 团队创新中的个人主义
  - 时尚企业的创新基本都是项目管理的方式，实行团队合作，这体现的是集体主义。一般项目都实行项目负责人负责，这使得他在人员分工、资金调配、实施方案、成果排名以及绩效发放等方面具有最高的权威性，从这个意义上说，具有明显的个人主义的倾向
- 短期取向性
  - 时尚企业市场制胜的法宝，不仅是创新的质量，还要有创新的速度。这样的行业背景造就了时尚企业的企业文化，即对于市场的敏感性、创新的速度和效率、市场的转化程度、消费者的变化特征和满足关注度较高，体现的是短期取向的文化特征

图12-8 时尚企业的企业文化

第十三章　时尚科技创新管理

信息技术是21世纪技术创新的代表，从数字化、网络化，到智能化，短短20多年的时间，掀起了一场信息技术革命，其速度之快，范围之广，程度之深，为人类历史之最。在这样的时代，任何的创新，都有着信息技术发展和应用的影子。本章将从信息技术对时尚企业的业态创新的角度来简析时尚科技创新的有关问题。

一、对业态创新的认识

（一）对业态的认识

业态一般指的是业务经营的形式和状态，主要指的是零售业态。根据我国商务部出台的《零售业态分类（GB/T 18106-2004）》，零售业态是指零售企业为满足不同的消费需求，进行相应的要素组合而形成的不同经营形式。并按照零售店铺的结构特点，根据其经营方式、商品结构、服务功能以及选址、商圈、规模、店堂设施、目标顾客和有无固定经营场所等因素，将零售业分为17种业态。

生产、分配、交换、消费是社会生产总过程的四个环节，而商业是衔接生产和消费的中间环节，业态应该是为满足消费需求，商业所采取的不同的经营形式。从这个定义出发，业态的研究应该有三个维度：第一，业态的根本出发点是消费需求的变化。随着消费需求的变化，相应的要素组合和经营形式也可能发生变化，所以消费者需求的研究是业态研究的基础和出发点。

第二，供给侧的要素组合，包括生产和流通环节的要素。要素是构成客观事物存在并维持其运动的基本单位，增加、减少、替换、调整都属于要素变化的范围，所以研究业态的另外一个关键是随着需求的变化要素组合的变化状况。第三，业态研究。随着前两者的变化和调整，所呈现出的经营形式的变化。所谓经营形式指的是组织经营的具体形式，主要包括是由谁经营和怎样经营。反映到商业当中，就是商业主体和商业模式、方式等（图 13-1）。

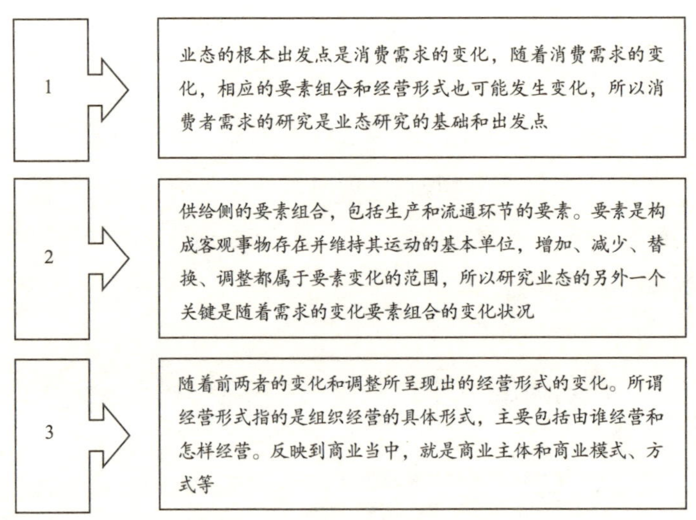

图13-1　业态研究的三个维度

（二）对业态创新的认识

根据业态的基本定义，业态创新应该指的是，根据消费需求的变化，企业通过要素组合的创新而形成的新的经营形式。它可以分成两大类。

一类是业态创造。即在现有的 17 种业态的基础上，出现了新的业态。出现这种业态创新，一般是商业的结构发生了重大变化，按照现有的标准出现了新的商业形态，或者评审标准发生变化，对于现有业态的重新定义和划分，业态的这种创造性的创新，无论在理论上和实践中具有重大的意义，商业结构的革命性创新，对于消费需求的满足具有创造性的突破，理论上会形成新的研究领域和方向。另外标准的调整也具有重大的指导意义，我们研究业态总是要在一定的界定和标准的框架下进行研究，如果这个标准发生了变化，那么我们研究的重点也要随之进行调整。所以业态创造是业态创新中具有重大意义的一种创新。

另一类是业态创新，也可以称业态调整、业态优化。主要指以新的业态组合和新的经营方式来满足消费需求的变化。它没有创造新的商业形态，但是在目前商业形态的框架下，通过创新型的要素组合或创新型的经营方式，来更好地满足消费需求的变化。我们提到的业态创新，一般指的是第二类创新。它的范围很广泛，我们接下来研究的业态创新，主要指的是第二类的业态创新（图 13-2）。

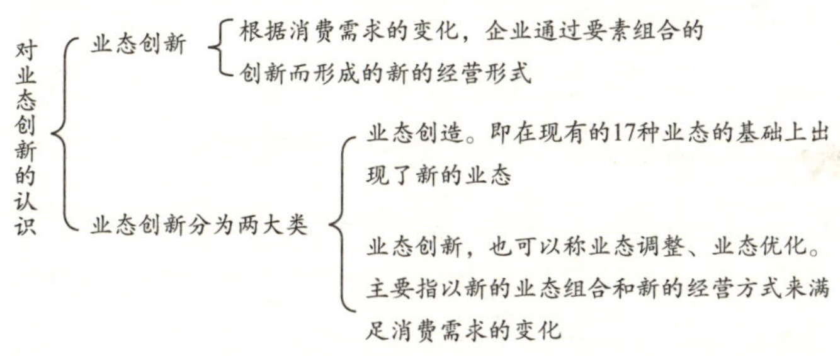

图13-2　对业态创新的认识

二、基于数字化的业态创新

数字化、网络化、智能化，是信息化发展的具有标志性意义的一种划分方法和演进路径。但在具体的时期，这三者是共存的，下面阐述的数字化业态创新、网络化业态创新和智能化业态创新只是基于侧重点不同进行的一种分类，不能将其割裂，仅从字面上进行非此即彼的理解。

（一）数字化创新

数字化，即将许多复杂多变的信息转变为可以度量的数字、数据，再以这些数字、数据建立起适当的数字化模型，把它们转变为一系列二进制代码，引入计算机内部，进行统一处理，这就是数字化的基本过程。

简单地说，数字化就是把信息变成计算机可以识别的语言进行处理，即计算机化。我们把看得见、听得见等感触得到的各种信息进行计算机化，可以起到更好地保存信息，多样化的呈现信息，更有效的传输信息等作用和意义。而数字化创新主要指的就是，在满足消费者需求的过程中，融入信息技术这一创新型要素而进行的经营形式的系列变化。这种数字化的创新，对于商业模式的变化产生了重大的影响，淘汰了很多行业企业，也促进了很多行业和产业的转型升级。

（二）基于数字化业态创新的实例分析

以传统的图书行业为例，图书行业是属于文化产业，传统的业态模式是到书店去购书。数字化和互联网的发展，改变了人们的消费模式。根据人们消费需求的变化，希望更高效、更便捷、更快速、更全面的购书需求。

第一，借助电子商务平台，把图书的信息进行数字化处理，人们可以通过互联网进行查阅、选择、下订单、购买。企业通过平台和物流能够满足消费者购书的需求。这种改变是通过互联网的加入，改变了服务模式和消费方式，是一种业态创新，这种创新迫使很多传统的书店纷纷关闭或转型，随着传统书店经营模式下用户量的减少，租用场地和人员成本等显著上升，传统书店的网上挪移已经成为一种常态化现象。

第二，图书信息完全数字化。如果第一步仅仅是把商业信息数字化，那么第二波的变革就是把图书信息这种特殊的资源全部数据化，这种数字化的结果就是变成无纸化，即人们可以通过智能终端来进行数字化阅读。这种巨大的变化带来了商业模式的调整。人们可以不用去购买和保留纸质的书籍，只需要进行电子化购买、电子化存储，就可以实现传统图书的阅读和存储。这种模式把图书这种资源进行了要素化处理，人们购买的可能是一种阅读权限，相对于购买一本传统的书籍，这种阅读的权限的成本更低。而对于企业来说，可以以较低的甚至为零的边际成本来不断地转让图书的阅读权限。这种商业模式的创新具有典型的数字化创新的特点。

第三，消费者信息的数字化。为了更好地服务广大的消费者，实施精准的营销，通过大数据的分析和处理，了解消费者的阅读习惯和阅读兴趣，进而进行精准的推送，通过这种智能化服务，提高消费者的满意度和兴趣点，增加用户黏性，完善商业模式（图 13-3）。

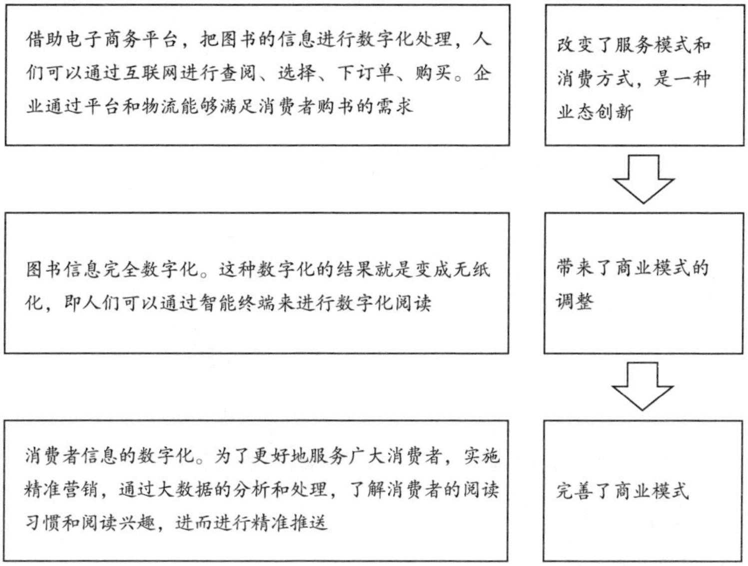

借助电子商务平台，把图书的信息进行数字化处理，人们可以通过互联网进行查阅、选择、下订单、购买。企业通过平台和物流能够满足消费者购书的需求	改变了服务模式和消费方式，是一种业态创新
图书信息完全数字化。这种数字化的结果就是变成无纸化，即人们可以通过智能终端来进行数字化阅读	带来了商业模式的调整
消费者信息的数字化。为了更好地服务广大消费者，实施精准营销，通过大数据的分析和处理，了解消费者的阅读习惯和阅读兴趣，进而进行精准推送	完善了商业模式

图13-3　基于数字化业态创新的实例分析——以图书行业为例

（三）业态创新模式的拓展

这是以数字化为基础，配合着网络化、大数据、智能化等技术和平台实施的业态创新。这种模式创新影响最大的是以视觉、听觉为主的消费市场，同时覆盖了几乎全部的服务业。除了图书行业以外，还有影视等行业。通过基于数字化的业态创新，形成一系列数字化的行业，包括网络游戏、网络视频、网络文学、网络音乐、网络新闻、网络支付、网络炒股、旅行预订等。

类似的影响也发生在服装这样的时尚行业。首先通过电子商务改变了实体店铺功能定位，接下来可以通过 3D 试衣等数字化创新技术来立体地呈现人体尺寸等信息，消费者可以通过网络平台，尽可能精准地找到符合自己喜好、款型或风格的服装，进而通过大数据积累形成智能化的推送。

正如国家信息化专家咨询委员会常务副主任周宏仁先生所说：“数据化的

进程远远没有结束。一方面物理世界巨大而丰富多彩要根据人类工作、学习和生活的需要讲起数字化，还有十分漫长的路要走；另一方面许多种类的物理世界的信息如人类的嗅觉和味觉信息还没有完全找到数字化的方法，数字化还将继续发展是没有疑义的。同时人们还在追求更高的计算机处理速度和更大的存储容量。”

三、基于网络化的业态创新

网络化是以数字化的发展为前提，没有数字化的网络化，不能算是信息时代或信息化意义上的网络，也是没有生命力的。如果从 1969 年美国国防部开始研发阿尔帕网开始，网络化已经取得了巨大的发展，包括局域网、广域网、城域网等，网络化将数字化的威力无限放大，深刻影响着人类的生存空间和各个领域。前面的数字化创新中也体现了网络化创新。网络化创新的核心是基于网络的传输性这一特征，也体现了互联网的诸多本质属性和特征。

（一）网络化的特征

第一，网络的无限联接性，使彼此之间的联系和影响成为可能。互联网，顾名思义，是基于协议相联系的网络与网络之间的网络系统，尽管拗口，但是这是互联网的真实面貌。而互联互通就成为互联网的最本质特征。而网络链接，是指从一个网页指向一个目标的连接关系，这个目标可以是另一个网页，也可以是相同网页上的不同位置，还可以是一张图片、一个电子邮件地址、一个文件，甚至是一个应用程序。而这种看似物物之间的连接和终端之间连接的背后是人与人之间资源的传输和共享，这种数据和信息的传输和共享为彼此之间的相互关联和影响奠定了基础。

第二，互联网的开放性。互联网的无限联接属性决定了互联网的开放性，这种开放性体现在人人可以依法接入互联网，人人可以按照网络的要求上传和下载相应的资源，人人可以以自己的方式默默存在或者影响他人，这种开放性使得网络资源以几何级数积累，形成一定规模后，这种源于网民的资源会反过来自觉和不自觉地影响着互联网参与者的行为。

第三，互联网的透明性。为了区分透明性和开放性，必须提到互联网经济中的重要存在——互联网平台。互联网平台有很多种，按照平台或者网站的主体可以分为政府网站、教育科研机构网站、个人网站、企业网站、商业网站、其他非营利机构网站以及其他类型等；按照平台的功能可以分为资讯型、娱乐型、商务交易型或综合型等各种平台。而平台是互联网经济的载体，在一定的平台上才可以进行信息的挖掘和交流、共享等，也只有在一定的平台上，互联网的透明性才得以体现，正因为平台在互联网经济的重要作用，所以才有平台经济的提法。而正是基于互联网平台的信息的透明性，使得彼此之间的相互影响更具有网络效应和外部性，因为很多的信息交流都是基于非市场因素的。

第四，互联网的互动性。互联网的媒体属性，由 WEB1.0 向 WEB2.0 过渡，由单一的信息传输向着互动的形式发展，无论是电视，还是报纸，主要都是一种“我说你听，我演你看”的传播形式，即使实行了反馈机制和问卷调查的形式，滞后也相当明显。但是互联网一开始就是以互动的形式出现的，网络平台更是绝佳的互动广告平台。互联网的互动性是人类各种感觉器官的延伸，互联网的这种时时的互动式的交流，让信息更加充分地在彼此之间传输和共享，也让彼此之间的联系和影响更加深刻和生动。

第五，互联网的创新性。互联网的创新型表现在很多方面，主要是融合、挖掘和商业模式创新，与农业、工业、交通、运输、医疗、服务业等各个领域的融合，都会带来突破和创新意义，而且这种创新是具有示范效应的，触类旁通之下，会引发更多的创新。

互联网的这种无线联接、开放、透明、互动和创新性的诸多特点，尤其是移动互联网、物联网等技术的突破和商用，更把基于网络化的业态创新推上新台阶，目前基于信息的创新都与网络化有关，包括上一部分提到的数字创新。下面简单分析几种基于网络化创新的模式（图 13-4）。

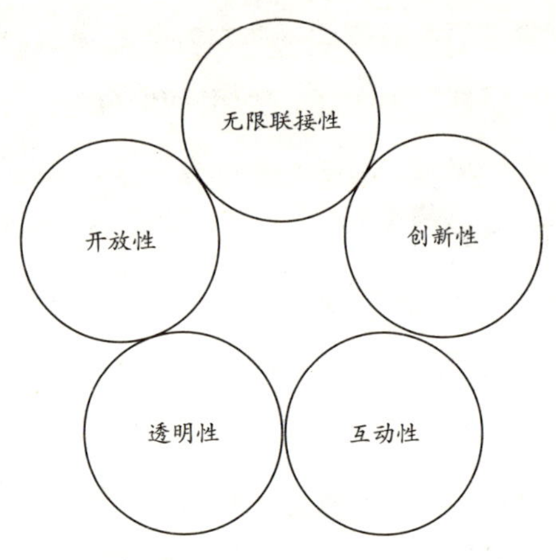

图13-4　网络化的特征

（二）网络化创新

首先，网络的互联互通衍生了以网络为中心的平台经济，在平台上人们相互交流信息，互通有无，进行知识和信息的交流和不断创新。在平台上我们可以了解需求、满足需求、创新需求和供给模式，在平台上我们通过消费者之间的交流、消费者和供给者之间的交流，能够更直接地反映消费需求和满足消费需求，从而衍生出更多的创新型的服务业态和模式。

平台经济是基于平台的经济现象，互联网的平台性，决定了其典型的服务特性，而开放、共享和促进的平台性效果，既符合互联网平台的特性，也符合当前人们的供给和需求的经济发展要求。而政府工作报告中提到的分享经济和共享平台，都是互联网经济发展的本质属性和要求。在接下来的共享模式探讨中，还会进一步阐述这一特征。

其次，在网络化传输的过程当中，不断丰富着网络的传播方式，促使传统媒体向着网络化方向改变。在网络时代，对传统的广播、电视、报纸、杂志等均进行了互联网化的改革，在数字化为基础的配合下，在制作效率、传播速度以及传播效果方面，都取得了突破性的成绩，改革和创新了传统媒体的服务模式和呈现方式。

再次，基于网络化内容创新的新媒体的出现和发展，改变着人们接受信息的渠道和方式，给市场营销提出了新的思路和模式。尤其是自媒体的出现，人们可以随时随地去分享自己生活当中的感悟、所得、趣闻、经历等，在娱乐休闲的沟通当中，创新了商业模式。例如，通过自媒体拍摄，让消费者在青山绿水之间，体验绿色环保的生态理念和独具地区特色的美食文化，同时把销售定制、电商推广、商业模式融为一体，通过互联网，深度满足了消费者的物质和精神需求。

另外，基于物联网的可追溯性特征，增加消费者本身的监督力度，以公开、透明和可时时追溯特征，为自己的商品和服务提供卖点，满足消费者安全环保质量保证的需求，融入新的元素，创新自己的服务业态。另外基于时时定位系统的商圈，选择内容推送等（图 13–5）。

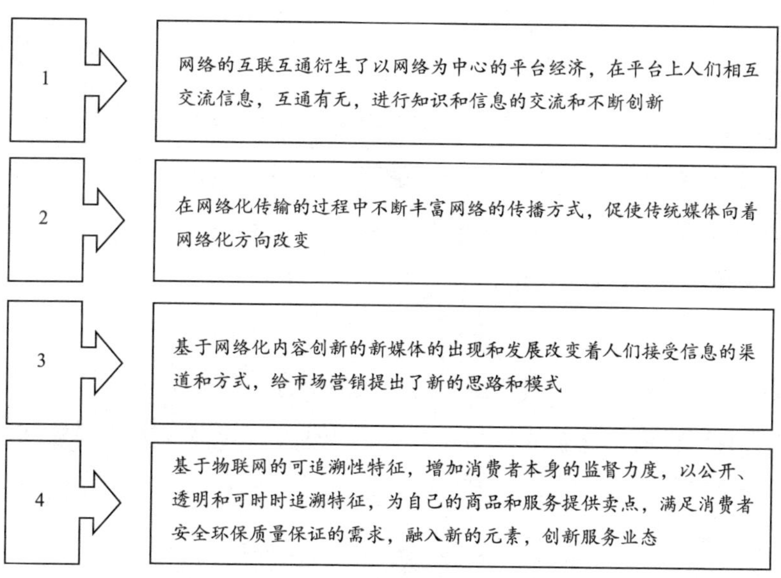

图13–5　网络化创新

四、基于共享的业态创新

（一）关于共享模式的研究

共享模式的发展可以追溯到 20 世纪 70 年代末，主要指的是机构和个人，让度闲置资源的使用权给他人，取得回报。随着经济的发展、人口的增加、城市化的进程和社会的安定，闲置的或未被充分利用的资源越来越多，而需求者也越来越多，共享模式一直持续而稳定的发展着，但直到互联网的崛起和平台经济的出现，才把共享模式推向了一个高潮。近年来随着 uber、共享单车的出现和发展，共享模式的理论和实践成果极大丰富起来。梳理了一下目前的文献成果，主要可以分成两大类：

一类是共享模式创新研究。主要集中在共享概念提出后在各个领域，行业、企业的创新性应用研究。如陈志斌等人提出行政事业单位财务共享服务模式的构建研究；陈芬、刘家国的基于 Uber 的共享经济商业模式研究；胡秀娣针对加油站共享用工模式的研究等。

另一类是共享模式的效用和影响。如丁宁等以北京四环为例对共享单车生命周期评价及对城市交通碳排放的影响研究；单体辉分析在信息化背景下财务核算共享对集团化企业的影响等。这些研究对于共享模式的规制、发展和创新都起到了积极的作用，本节想在这些研究的基础之上，从网络生态化的视角来分析共享模式的生态化和持续性发展问题。

（二）互联网平台对共享模式的发展起到了重要支撑作用

第一，互联网的无限联接性为共享模式提供了最为基础的资源保障。传统经济模式下，供给和需求很难最充分的对接，因为缺乏公共的基础性的信息沟通渠道和平台，所以总会有一部分供给资源闲置和一部分有效需求得不到满足，这也是互联网条件下长尾理论所要解决的关键问题。在这样的供给和需求制约条件下，共享模式开展的范围和深度都会受到影响，而网络的无线联接性，让供给和需求双方能够有效地接入同一或统一的平台。网络的无线联接性给供给和需求双方提供了最为重要的信息交互平台，从而奠定了共享模式发展的基础。

第二，互联网的开放性，极大地丰富了共享的供给和需求资源。如果说网络的无线联接性解决的是供需双方连接渠道和方式问题，那么网络的开放性解决的就是资源的丰富程度问题。从共享模式的特点看，它本质上是让渡闲置资源的使用权，而社会上有众多的闲置资源，但未必所有资源的所有者会愿意或者勇于共享这种资源，这既有主观愿望也有共享能力的问题。而网络的开放性可以让有意愿的人群都有这种可能和能力，通过互联网这一平台和渠道来共享资源，而平台的服务性极大地简化和规范了所有者的操作程序和安全问题，让更多的人能够参与到共享资源的行业中来，而这种模式和特点也会深刻影响有闲置资源的人的共享意愿问题，从而丰富了共享资源的供给。从需求上看，网络的开放性，给更多的人提供了获得资源的渠道、方式和模式，从而在购买，还是租赁式的消费模式方面做出权衡。而消费需求具有无限性，随着人们需求的不断满足，衍生出来的需求将会进一步呈倍数的提升，网络的开放性极大地丰富了可以共享的供给资源和需求信息。

第三，互联网平台的透明性，规范着共享模式，并使之具有网络的外部性。一方面，对共享模式将起到规范性的作用，在互联网平台上公开信息发布和共享的使用流程，彼此可以看到共享的实施效果和最后的评价，这会使供给和需求双方的权益得到最大的保障，也会规范供给模式的供给和消费行为；另一方面，这种信息的公开和透明，使之具有网络的外部性，具有引导示范和评价的效果，从而对网络工具和需求资源的丰富，起到积极的促进作用。

第四，网络平台的互动性，能够进一步满足、创造和引领消费需求的变化。互动性需求代表的是最新的消费趋势和倾向。从需求的角度，互动性能够让消费者参与到共享模式的提供过程中，从而实时调整偏差，达到需求的根本性满足。从供给的角度，互动性可以让共享模式的供给者能够提供精准的满足消费需求的产品和服务，从而有效对接需求，达到经营的最佳效果。在此基础之上，增强供给和需求双方的了解产生了满足需求、创造需求和引领需求的效果。

互联网的介入，影响着共享模式的供给和需求的联接方式和范围广度，极大地丰富了共享的资源，规范了共享模式的商业行为，起到创造满足和引领需求的作用和效果（图 13-6）。

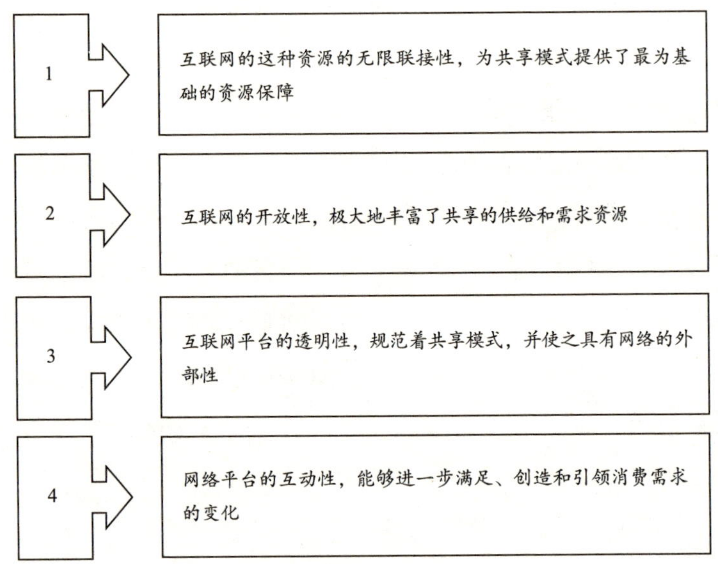

图13-6　互联网平台对共享模式的支撑作用

（三）共享模式的网络生态体系构建

第一，以网络平台为核心构建共享模式的价值体系。

以网络为核心构建共享模式的价值体系。价值体系的构建是以价值链为核心，以价值增值部分作为重要的研究对象，从而确定共享商业模式，价值活动的关键环节，进而实施有效的管理。即以网络平台为中心搭建买卖双方的桥梁，通过互联网进行营销、处理和监控服务等各项工作，实现共享商业模式的互动性和透明性。这种基于平台的在线服务模式可以有效地协助政府进行规制和管理共享模式当中出现的各种问题，有利于平台自身和社会公众对于这种模式的监督、管理、反馈和实施。

第二，在平台上发布共享规则。

共享规则，包括政府的法律法规、企业的准入以及个人的征信等方面。可以把网络平台作为集中和发布共享规则的主要平台，公正、公开、透明的反映我国对共享规则的制定情况、实施情况，在满足各方对于规则了解的同时，通过平台也能反映出规则中存在的问题和不完善之处，进而促进共享规则的制定和完善。

第三，加强业务模式可持续性的审核。

共享模式作为新兴的服务方式和营利模式，要注意其成本和收益的可持续性问题，由于其对应的是较为分散的长尾市场部分，更要注意其商业模式的完整性，要充分利用技术优势，提供与需求相匹配的服务模式，能够持续稳定的提供优质服务的商业模式。

总之，共享模式是利用闲置资源，连接真实需求，实现信息流和收益双向互动的一种商业模式。互联网产生之后，以其平台化、互动性、透明性、开放性的特征，有效地促进了共享模式的作用范围，实现了生产要素的社会化，提高了存量资产的使用效率。创造更多的社会价值，促进了经济的可持续发展。互联网的介入，对共享模式产生了很多正向的影响，包括影响着共享模式的供给和需求的连接方式和范围广度，极大地丰富了共享的资源，规范了共享模式的商业行为，具有创造满足和引领需求的作用和效果。面对共享模式发展至今存在的发展和规制问题，笔者建议，建立共享模式的网络生态体系，以网络平台为核心构建共享模式的价值体系，以价值增值部分作为主要研究对象，有效管理共享模式的关键环节，以网络平台为中心，通过互联网平台进行营销处理和监控服务等各项工作，把网络平台作为交易处理、规则发布、社会监督、持续完善共享模式的重要平台（图 13-7）。

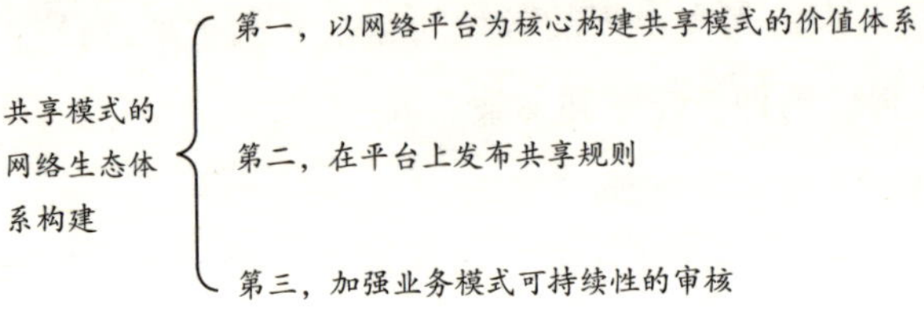

共享模式的网络生态体系构建
- 第一，以网络平台为核心构建共享模式的价值体系
- 第二，在平台上发布共享规则
- 第三，加强业务模式可持续性的审核

图13-7　共享模式的网络生态体系构建

五、基于智能化的业态创新

时尚产业首先发源于对人体进行装饰和美化的个人时尚用品与服务，随后渗透于美食、消费类电子产品、汽车、运动旅游、动漫影视和建筑街景等人类生活的方方面面，是促进消费升级、增强人民群众获得感、幸福感、推动中国经济实现高质量发展的强大动力。时尚产业作为与群众生活接触最为密切、最具发展潜力的都市产业形态之一，对融入新技术实现产业内的创新与应用极为敏感主动，在推动互联网 +、电子商务、智能制造方面始终走在时代前端。人工智能（Artificial Intelligence）是一种利用机器来实现智能活动的技术，其高效运行和自我进化的巨大优势、强大的数据运算处理能力、丰富的内容展现能力和个性化的创新能力对于优化时尚生产、激发创意活力、丰富时尚产业生态极具意义与价值，也为构建数据驱动、人机协同、跨界融合、共创分享的智能时尚经济形态提供了可能性。

（一）人工智能与时尚产业融合的研究

国外人工智能与产业融合的相关理论

人工智能与产业融合方面，John McCarthy（1955）第一次提出，人工智能是通过让机器获得抽象和认知的能力从而解决人类才能解决的问题的方法。Rosenberg（1963）基于美国机械设备产业的演化历史，首次提出“技术融合”的概念。他认为，正是技术共享引致原本产品性质与功能无关的产业实现了互通。Sahal（1985）和 Dosi（1988）指出，产业融合始于技术关联，产业间的技术扩散与创新是打破产业边界的重要手段。

国内人工智能与产业融合的相关理论

人工智能相关算法的进步及算力的突破使得人工智能技术在模仿、延伸和扩展人类思维和逻辑能力方面有了长足发展，为产业融合、技术协同发展与时尚产业智能变革提供了强大的内在动力。

国内产业融合问题的研究方面，赵珏、张士引（2015）指出产业融合是产业升级发展的必然趋势。在技术进步、需求升级和行业管制放松的作用下，产业融合不仅实现了产业内生增长，更强化了竞争性的市场结构，获得了增长动能的释放。陶长琪、周璇（2015）选取信息产业和制造产业的基础数据，进行了二者产业融合对产业结构升级影响的定量研究。

国内对人工智能与时尚产业融合方面的研究还很少见，张桂丹（2019）认为人工智能可以对时尚趋势做出准确判断，帮助时尚品牌率先推出可能成为主流趋势的款式。同时人工智能还可以帮助企业分析其竞争对手的历史定价和分类数据，以制定更多战略决策，最终实现更好的销售、更强的库存管理和更少的打折销售。在扩展个性时尚服务方面，机器学习可使品牌为每个市场甚至每个客户精细地提供个性化产品。并深刻指出在时尚这个快速发展的行业中，消费者是主要的推动者，且品味变化无常，不利用人工智能，时尚企业将失去竞争能力。

上述研究成果表明，人工智能融入产业是大势所趋，部分行业已经找到了二者融入的切入点，时尚产业与人工智能的融合将会进一步促进时尚产业的健康发展。

（二）人工智能助力时尚产业发展模式选择

提升集成创新的效率和质量

创新是时尚的魅力所在，如何保持持续的创新也是时尚发展的一大难题。人工智能的神经网络技术，为艺术的创新提供了技术支持。它是一种模仿动物神经网络行为的特征，进行分布式并行信息处理的算法数学模型。可以用于机器学习和相关领域，是人工智能发展的一项重要技术。人工智能与创意结合的典型代表，就是2016年，谷歌办人工智能画展。其画作，单幅拍出8000美元的高价，谷歌的工程师将算法应用于艺术创作，为艺术赋予了量化和数学的属性，电脑借助神经网络技术，创作艺术作品。人工智能凭借着机器学习、自然语言处理、智能语音处理、计算机视觉等多项技术，为时尚产业的创新，提供技术支撑。提高了其创新的效率，稳定了创新的质量。目前，人工智能的创新主要以大数据为支撑的集成创新。

增强生产的柔性和效率

多变的时尚市场需求需要时尚企业进行柔性化的生产，而人工智能与时尚产业在生产领域的融合，可以帮助时尚产业进行生产创作，提高生产效率与质量，丰富其产品内涵，并创新业务形式。人工智能是基于大数据而产生和不断进化的，它能够高效率的实现数据的搜集、分析与处理，精准地把握生产进度、效率和质量，如写稿机器人、智能性的表演及虚拟人物等，可以更好、更高效率地完成时尚产品的柔性化生产，并改变和丰富产品的表达方式，在提升智能化表现的同时给人带来耳目一新的感觉。

丰富传播的渠道和形式

时尚领域有着较强的传播性要求。时尚的形成是模式和风格被定式化后，逐步被人们接受和推广的过程，而这一过程就是传播的过程。时尚对于传播的要求很高，不仅要求定期发布和传送信息，而且要传播时尚理念、传播时尚思想、提炼时尚精华、满足人们的精神需求，人工智能与时尚传播的结合，能够高效全息地去展示时尚，依托最广泛、最高效的智能平台去传播和展示时尚。人工智能配音通过语音合成技术，根据海量数据库的样本，将文字转化为语音并呈现真人化声音；人工智能通过数字处理技术来虚拟主持人，形成媒介与受众交互的仿真人物形象；人工智能通过数据技术保存音频视频，精确地保留符合人们情感和需求的元素；精准地传递信息，生动形象地展示传播技术；通过信息分发的个性化，高效地处理信息，出现了小融、小南、阿同、阿乐等智能化的名片，极大地丰富了传播的渠道和载体，提高了传播的效率。

刺激、满足和提升消费需求

人工智能可以促进消费体验。人工智能通过海量的数据，精确分析消费者的需求，为消费者推送相应的产品和服务，极大地提升了消费者的浏览速度和效率。同时人工智能通过多样化的产品展示形式，吸引刺激消费者的消费需求，有效地与消费者形成互动，增强消费者的时尚体验。如3D技术、4D技术，在影视传达、立体体验、情景模拟等方面，能有效地提升消费者的感官体验，并由表及里地增加时尚背后的文化体验。在人工智能的新的业务模式、新的表现形式的刺激下，人的消费欲望将会进一步增强，消费层次也将逐步提升（图13-8）。

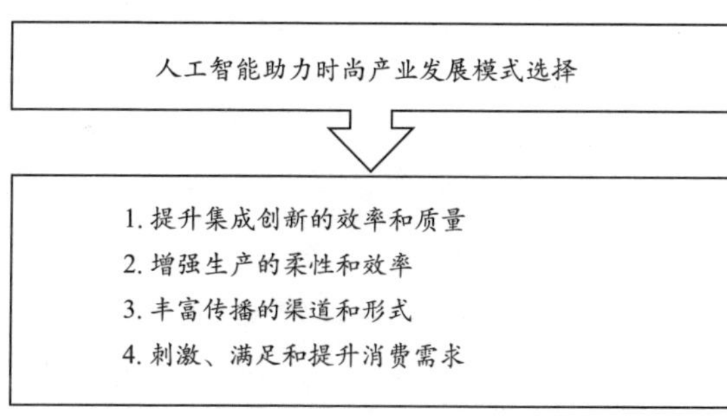

图13-8　人工智能助力时尚产业发展模式选择

第四篇
时尚管理教育体系

在时尚产业链条中，时尚教育是重要的一环，而秉承这一使命的是高校的教育。一方面，高校通过专家或专业资源对接时尚市场，为行业提供教育、培训、咨询，利用资源与企业合作进行研发设计，或辅助行业企业解决问题，利用已有的资源直接投身于时尚行业。另一方面，秉承教育的使命，面向未来，为时尚行业源源不断地输出时尚领域的管理人才，这对时尚行业的发展有着重要意义。本篇的立足点是梳理和分析国内外高校时尚管理教育体系，对比理论和实践的差距，希望能够优化和改进时尚教育体系。

第十四章　国外时尚管理教育特色研究

与中国相比，国外的时尚领域发展程度较高，时尚教育体系较为完善，学习和借鉴其成果有一定的意义。本章的资料来源主要是国外大学的公开网站，选取南安普顿大学、曼彻斯特大学、伦敦时装学院、诺丁汉特伦特大学、伯明翰大学、谢菲尔德大学、郝瑞瓦特大学、罗伯特戈登大学、哈德斯菲尔德大学、纽约时装学院、萨凡纳大学、马兰欧尼服装设计学院等国外高校，并结合麻省大学波士顿校区、康奈尔大学、罗德岛设计学院、日本文化学园大学、东京艺术大学、京都市立艺术大学、京都造型艺术大学、首尔大学、檀国大学等高校的走访体会，针对时尚、艺术教育的办学特色，以国外高校的时尚管理内容体系为分析对象，分析比较中外高校时尚管理教育的办学特色。

一、学习氛围塑造

在这里用到了“学习氛围”，而不是“教育氛围”，是想体现主体上的差别。氛围的营造属于文化层面的架构，这种氛围一旦形成，将会极大地引发学生的学习兴趣，提高学习的积极性。学习氛围可以分为外部氛围和内部氛围。

外部氛围，主要指校外的社会氛围。笔者把它称为城市的文化氛围，它主要是通过建筑、历史遗迹、主题公园、博物馆、展览馆、图书馆等形式表现。通过这些形式，一是可以记载和收藏城市历史文化已形成的象征意义，让人们学习、体会和铭记，以增加城市的文化底蕴。二是可以展示最新的创新成果。笔者觉得历史和文化的现实意义主要在于它可以作为资源库，给现代的创新提供信心、资源，并作为元素能够被现代的创新所提取，融入现代的创新中，而这些场所可以作为现代创新的展示空间，让历史和现在紧密结合。三是不断挖掘文化内涵，文化具有一定的客观性，但它更具有主观性，它需要不断地去研究，发掘其内涵，不断丰富文化内容和文化体系，这样才能够保持城市的活力。这样的城市氛围的塑造，能够充分体现出包容、历史和现代的紧密结合，能够在潜移默化中去引发兴趣、查找资源、自主学习。在时尚的教育当中，这种城市氛围非常重要，很多时尚教育的高校所在的城市具备这样的氛围。

内部氛围，主要指学校校园文化氛围。一是以校园布局润色校园文化。很多高校的建筑、雕塑，本身就是作为城市文化的一个亮点。校园也展示着很多优秀的学员的设计作品，供人学习和参观。校园内设置很多休闲场所，供人们随意的学习、休憩。无论是课堂、实验室，还有其他配套的学习场所，都有一些艺术、文化、时尚的信息展示，增添专业氛围，这种无声的氛围塑造会增加学员的舒适感和满意度，引导学生自主性学习。二是特色型图书馆增强专业特色。与传统的图书馆不同，时尚当中的图书含义可能更广泛，例如面料、光谱等，用文字和图片表示不够立体，以实物和材质为样本的面料图书馆等多种形式的图书馆更能增添专业特色。三是实验室建设。实验室是学生学习、实践的重要场所，有的学校除了设计创新以及服装实践实验室外，还有更多的关于人体工学、材料检测等方面的实验室，形成了艺术与工程相互融合的教学环境。还有通过各种与社会对接的社会活动，且以学生为主体组织和参与，呈现社会的各种信息，为学生了解市场和社会，启发学生提供助推作用。

很多国外的高校很注重这种学习氛围的实现，这对于办学理念的普及和推广、培养目标的达成、学习效果的提高有着重要的影响（图 14-1）。

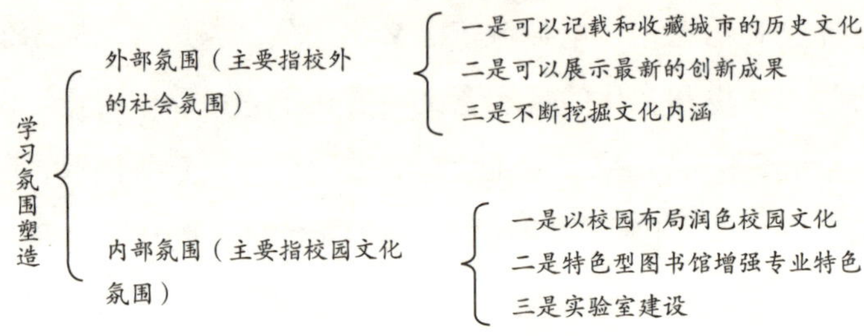

图14-1 学习氛围的塑造

二、专业和课群建设

第一，专业的选择比较灵活。

我国高等教育划分为13个学科门类，包括哲学、经济学、法学、教育学、文学、历史学、理学、工学、农学、医学、军事学、管理学、艺术学，每个学科下面分专业，按照专业的培养目标，设立相关课程。近些年，我国高校进行大类招生改革，但目前主体还是以学科、专业、课程这样的体例进行人才培养。

与国内较为严格的学科、专业和课程体系相比，国外的专业和课程设置相对灵活。很多高校，学生入校后，可以自由选修很多课程，毕业时根据所选课程的课程属性来确定应该赋予的专业学位，这样改变了入校之初确定专业和学位，以后置的方式，根据学生的表现来确定其专业归属。这种模式要以较为充分的学分制为基础，只有较为完善的学分制管理才能够实施跨专业的选课和最后的整合。当然这种形式也有利有弊，但对于激发学生的自主性、积极性，尤其是跨专业跨学科的选择课程，对于边缘化创新的形成有一定的作用。

第二，时尚管理的存在方式多样化。

从资料搜集的情况上看，时尚管理的存在方式比较多样化。有的高校是以独立专业的方式存在，有的是以专业方向的形式存在，例如在设计或管理专业下，有时尚管理的专业方向，有的是以课程群的方式存在，还有的直接

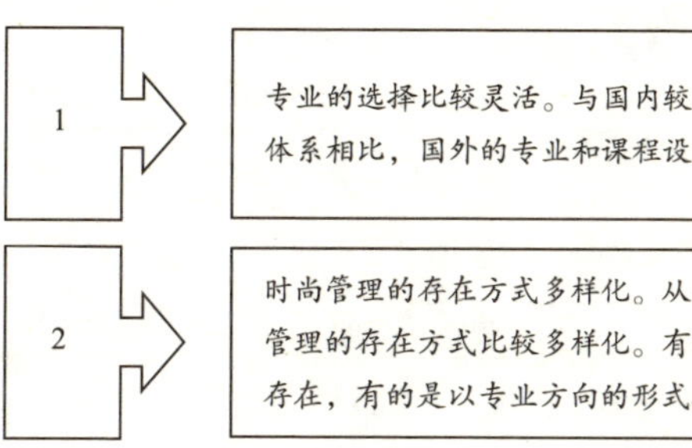

图14-2　专业和课群建设

以单独的课程方式存在。时尚管理的存在方式多样化，各个高校可以依托各自学校的背景和优势，灵活地设置相应的课程。例如，曼彻斯特大学依托纺织领域的优势开设了纺织科学核心单元，向学生介绍纤维材料、织物和纺织的生产过程。诺丁汉特伦特大学重点开设了营销、商务和管理类的课程。纽约时装学院开设了与服装供应链有关的一系列课程等（图14-2）。

三、特色化课程定位

各个高校所具有的资源优势和视角不同，因此形成了时尚管理类课程不同的课程定位，通过他们对时尚的不同解读，来形成自己的课程体系（表14-1）。可以分成几类。

一是全球性的定位。用全球化的视角，了解市场领域的最新趋势，结合商务管理技能和市场营销，来拓展创业型思维。

二是技术性思维。立足于学校的技术背景，在时尚管理教育中融入管理理论和纺织科技背景，通过对于各领域技术的理解，来了解全行业以及该行业工作所需要的技能。

三是从供应链管理的定位。全面把握时尚产业的供应链，从设计研发、产品采购，到购买、营销、消费者推广等一系列的管理体系。

四是管理学的定位。结合着时尚产业的发展变化，从技术、创新、领导力、企业家精神、战略管理、商业模式等角度来定位时尚管理。

表14-1 国外高校特色化课程定位

学校	课程定位
南安普顿大学	定位其时尚管理专业，即提供了一个机会来发展人的创造性思维、市场营销和商业管理技能，同时获得对当今时尚世界的全面了解
曼彻斯特大学	时装管理课程为学生提供一个机会，让他们专注于管理理论以及时装行业的纺织科技背景
诺丁汉特伦特大学	时尚管理课程的重点是整个时装连锁店的管理——从设计开发、产品采购、销售、营销、消费者推广
伯明翰城市大学	让学生通过该课程获得对该领域的技术理解，并具有坚实的管理原则基础，全面了解现代时尚行业以及在该行业工作所需的技能
赫瑞瓦特大学	该课程旨在挑战传统和当代对时尚和纺织品的使用，同时促进行业的新方法和新工艺。它还可以让学生专注于一个特别适合自己的研究领域
罗伯特戈登大学	旨在将与全球时尚产业相关的管理理论与时尚购买、生产、营销和销售的商业环境相结合
帕森斯设计学院	从技术、创新、领导力、企业家精神、消费者心理、战略管理和新的商业模式等多个角度探讨迅速变化的时尚产业

四、专业课程分类体系

在分析国外高校时尚管理专业的内容体系的过程中，发现围绕时尚管理的相关课程内容已然形成了相对完善的体系，在众多院校所开设的课程中，名称虽然不尽相同，但有的课程实质上是相同的。因此，需要合并不同高校的课程，简化评价指标的选择（表 14-2）。

根据已有的课程内容体系，将高校的合并后的时尚管理类课程作为评价指标，根据评价指标的实际特性，本研究课程分为几种类型。

第一，专业基础理论型课程。它主要是提供基础知识和基本理论，培养学生基本能力与基本素质的一系列课程或者课程群。包括时尚市场营销、时尚品牌管理、时尚管理、时尚传播、物流与供应链管理、设计管理、零售管理、购销业务与财务管理、消费者行为学。

第二，实践操作型课程。实践操作性课程主要是对知识综合应用的学习活动。引导注重知识和技能综合运用的实践性课程。主要包括产品开发与设计、橱窗与商品陈列、时尚的实践。其中时尚的实践各个学校差异性较多，基本结合着各自学校依托的领域和特色，开展实践课程学习活动。

第三，创新创意型课程。这类课程主要培养的是学生的创新意识、创新能力和创新精神。创新是时尚的根本，课程体系加强这部分课程的设置，包括时尚创意研究、创意时尚产业、数字演示技术、香水营销与管理。

第四，道德与可持续发展型课程。属于素质教育类型的课程，主要包括企业社会责任、可持续发展、商业原则、道德与社会发展。

表14-2　国外高校时尚管理专业的内容体系

学校	课程体系
南安普顿大学	时尚管理课程内容包括消费者行为、创意品牌建设与发展、趋势预测、供应链管理、产品采购与开发、整合营销传播、企业社会责任、可持续发展和数字文化
曼彻斯特大学	通过时装导论、管理导论、市场营销与零售导论、设计管理等核心单元建立服装商业、纺织科学与技术的基础知识，并通过纺织科学核心单元向学生介绍纤维、材料、织物和纺织生产过程
伦敦时装学院	开设时尚管理概论、商业原则、营销原理、产品管理、财务管理、人员管理、时尚期货、消费者洞察、战略管理等课程
诺丁汉特伦特大学	开设时装及纺织产品、时尚管理与营销、设计与视觉营销、时装采购与销售、管理与就业、时尚营销与传播、产品技术、领导力与变革管理、国际化、供应链管理、道德和可持续发展、产品开发、全渠道营销和品牌策略、零售管理、购销业务和财务管理等课程
伯明翰城市大学	开设行业实践与背景、全球商业管理、领导力发展、研究与专业技能、项目管理、全球时尚与品牌等课程

续表

学校	课程体系
谢菲尔德大学	开设会计与财务管理、创意文化产业概论、创意与文化产业的批判理论与概念文化营销等课程
赫瑞瓦特大学	开设时尚管理、设计背景、设计项目、设计技术与创新、品牌管理、研究方法、原材料检测与勘探、消费者的动机等课程
罗伯特戈登大学	开设管理和市场营销科目、时装设计的概念、服装建设、时装零售、时装业务运作、广告传播，公共关系，消费者行为和物流的全球、品牌管理、财务营销、道德和活动管理的理论、时装购买和全球时装策略等科目
哈德斯菲尔德大学	开设时尚背景研究、时尚专业发展、创意时尚产业、时尚的实践、时尚创意研究、时尚期货、时尚的身份、时尚创意研究等课程
纽约时装学院	开展时尚商务管理、时尚营销、销售管理、服装零售商的时尚预测、时尚库存管理、可持续性的时装销售、零售的时装销售、时尚规划和分配、全球营销、计算机辅助产品开发、企业社会责任等一系列围绕时尚管理的讲座
萨凡纳大学	开设时尚配饰设计导论、服装设计导论、数字演示技术、时装消费、计划和控制、零售购买模拟以及香水营销与管理的课程
马兰欧尼服装设计学院	开设营销传播渠道、数字营销和新媒体、时尚领域的商业和管理原则、时尚公关、促销和广告、时尚购买和销售、视觉展示和商品陈列等课程

五、专业课程的重点和特色

（一）营销类课程作为基础型课程受到重视

对比各个高校课程设置，营销类的课程的通用性最强，包括市场营销与零售导论、市场营销学、营销原理、全球营销，基本上各个高校都在设置相类似的课程。这与时尚的消费型特征有一定的关系，一方面时尚主要集中在生活消费领域，它更多的是满足于个人生活的需要，而这种个体消费者分布广、人数多、差异大、异变性和部分的非理性情绪化等个体的消费特征，这种消费行为特征，需要市场营销工作者进行系统的研究；另一方面，时尚领域能够满足物质和精神性的需求，不论是炫耀性的奢侈品，还是生活中的衣食住行，它既能够满足人们基本的物质需求，时尚产品还能够满足人们精神上的愉悦的需求，是因为它的大众化和普及性以及精神性，所以市场化的特征特别明显。营销类课程重点研究消费需求的变化以及企业如何来应对和满足消费需求的变化，对于时尚产品的价值实现、时尚领域的健康发展有着重要的作用。

（二）财务类课程的不可或缺

作为管理类课程，国外的时尚管理类课程中一般包含财务管理、会计与财务管理、财务营销等财务管理类课程。如伦敦时装学院、诺丁汉特伦特大学、谢菲尔德大学、罗伯特戈登大学等大学均开设了财务管理类课程。财务类课程与营销类课程一样，都是作为专业基础性课程，作为基础素质和能力而存在。时尚管理作为一个管理专业的存在，它需要学员掌握管理的基本理论，具备管理的通用能力，而财务管理类课程，就是让学员具备这样的基础性的素质和能力的课程。

（三）实践性课程处于重要地位

从资料分析看，国外时尚管理专业的课程中，实践性要求很高。它不仅贯穿于专业基础性课程，创新创业型课程道德与可持续发展型课程体系之中，也会有专门的实践性课程，从它们的课程介绍中，可以看出，案例、社会调查、实践报告的撰写以及相关知识的融合，在它们的课程当中是属于比较常态化的模式。

（四）创新类课程必不可少

关于创新类课程，国外各个高校有不同的设置方式。有的是以创意时尚产业这样的课程设置，显然，这是让学员充分了解这个产业的创意性特征和本质。有的是以数字演示技术，从技术的角度来加强自己特色的宣传和表现。有的是时尚创意研究，重点突出时尚的创意和设计部分。无论以哪一种形式，都是在培养学生的自我创新的意识和能力，这类课程在市场管理当中处于非常重要的地位（图 14-3）。

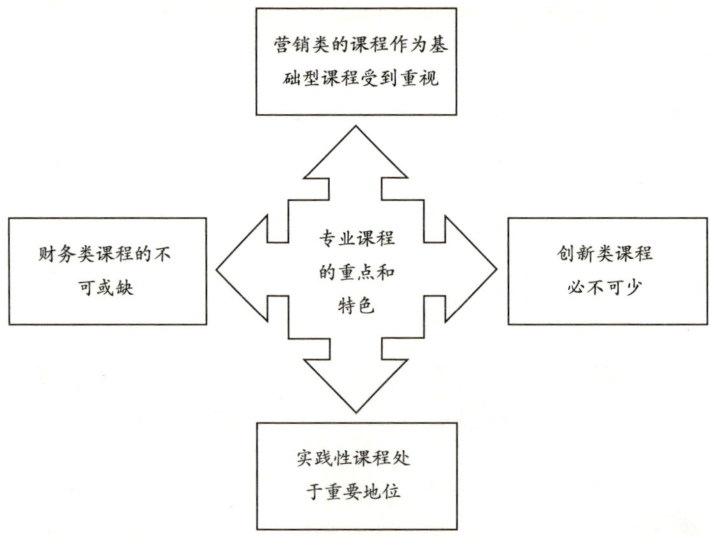

图14-3　专业课程的重点和特色

第十五章　中国时尚管理教育体系

一、中国时尚管理教育现状和特点

第一，时尚管理教育起步较晚。这种情况与我国的时尚领域发展情况类似，教育的发展需要与经济和产业的发展相配合。我国时尚产业发展起步较晚，时尚领域是在改革开放的过程中逐步发展起来的。我国高校的专业教育，强调的是学以致用，虽然高校教育的目标主要是重基础、强能力和高素质，但是满足社会对人才的需求，还是设定专业培养目标的重要标准，时尚产业的发展会对人才提出数量和质量的诉求，学校才能据此进行专业的设置和调整、人才培养目标的修正以及课程体系的完善。所以，由于时尚产业在中国起步较晚，使得管理的专业和课程完善也起步较晚。

第二，目前时尚管理专业一般放在工商管理的目录之下。前面分析时指出，时尚跨越了第一产业、第二产业和第三产业，在横向的任何领域，纵向供应链的任何环节，都可以衍生时尚企业，它甚至可以是一个企业的某一项创新，所以一定程度上说它的存在具有隐蔽性和不确定性，时尚企业不是我们国民经济部门当中的某一个分类，因此衡量其价值要进行专门的梳理和研究。这种情况之下，我们把时尚管理归类为工商管理中，放到工商管理的目录下边，也符合产业发展的实际情况。目前，东华大学、北京服装学院等都有类似的专业方向。

第三，专业培养呈现形式多样化。我国并没有时尚管理这样的专业目录，但并不意味着我们没有时尚管理。时尚可以蕴含在技术领域，可以在文化领域、商业领域以及供应链的任何环节，因此，它也可以被包含在上述领域的管理之中。我们原有的学科和专业设计中已经具有较为全面的覆盖，如技术管理、文化产业管理，供应链管理等，所以即使没有专门的时尚管理专业，但其培养的专业的管理人才一定程度上也能满足行业领域的专业需求。这与国外的时尚管理专业灵活性设置和特色性设置有一定的类似。

第四，我国的创新创业教育发展很快。创新在时尚领域具有重要的作用和意义，与创新教育在时尚管理教育体系当中理应处于相对应的地位。我国的创新教育起步同样较晚，但是近些年来发展非常之快。上一章国外时尚管理的课程体系中，包含了创新创业模块，近些年，我国的创新创业教育发展速度已经超过了国外的很多高校。创新创业教育的发展会对时尚管理的专业教育产生重要的支撑作用。

从国家宏观层面，在“大众创业、万众创新”的大背景下，国务院办公厅发布了《关于深化高等学校创新创业教育改革的实施意见》《关于发展众创空间推进大众创新创业的指导意见》《关于大力推进大众创业万众创新若干政策措施的意见》等一系列政策鼓励大学生创新创业。教育主管单位也制定了《教育部关于大力推进高等学校创新创业教育和大学生自主创业工作的意见》《普通本科学校创业教育教学基本要求（试行）》《关于做好 2016 届全国普通高等学校毕业生就业创业工作的通知》等政策。北京市教委也出台了《北京市教育委员会关于印发深化高等校创新创业教育改革的实施方案的通知》，并按照教育部印发《关于做好 2016 届全国普通高等学校毕业生就业创业工作的通知》中的精神，各地各高校要把提高教育质量作为创新创业教育改革的出发点和落脚点，根据人才培养定位和创新创业教育目标要求，促进专业教育与创新创业教育有机融合。从 2016 年起所有高校都要设置创新创业教育课程，对全体学生开发开设创新创业教育必修课和选修课，纳入学分管理。对有创业意愿的学生开设创业指导及实训类课程，对已经开展创业实践的学生开展企业经营管理类培训（图15-1）。

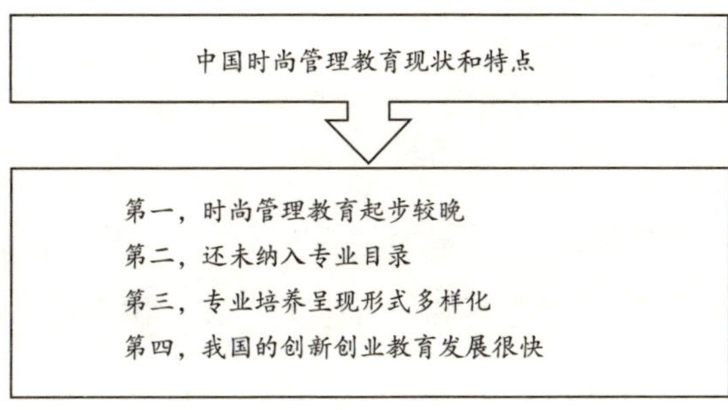

图15-1　中国时尚管理教育现状和特点

二、中国时尚管理教育的问题

（一）时尚管理教育体系不够完善

从前面的现状描述中可以看出，无论是起步晚，存在方式多样化，还是专业目录挂靠，都反映出了时尚管理作为独立的专业教育体系还不够完善，这种不完善主要表现在：

一是对时尚产业的认识不够系统。作为新崛起的行业领域，缺乏国家的标准进行界定，这种认识上的不足，会导致在进行专业设置中，很难全方位地把握专业的内涵、外延，进而导致体系不够完善。

二是缺乏统一的专业培养标准。我国的专业教学质量国家标准，需要明确培养目标、培养规格、课程体系、师资队伍、教学条件、质量保证、相关体系的要求，而目前我们还没有这样的针对时尚管理，作为专业独立存在的这样标准。

三是没有形成完善的课程体系。支撑专业的是相对应的课程。我们没有像西方那样进行较为系统的课程体系设计，因为是作为专业方向而存在，因此基本上是在呼应专业和学科课程设计的基础之上增加一些领域内的特色型课程，缺乏作为一个独立领域和专业的完整的课程体系设计。

时尚管理教育体系的不够完善，导致时尚管理人才无法有针对性地对时尚领域的发展起到支撑作用，更不用说是前瞻性的引领实践领域的发展。

（二）时尚管理理论落后于实践

理论的来源是实践，实践也是用于检验理论的标准，反映的是理论来源于实践之后经过抽象化、系统化、模式化，可以反过来对实践起到重要的引领和促进作用。但时尚领域理论研究具有一定的滞后性。产生这种滞后性的原因是：

一是对该领域的重视程度不够，导致的研究兴趣不足，以及支持力度不够，妨碍了理论研究的开展。

二是研究能力不足。相对来说，时尚领域是一个具有交叉性专业特色的新的领域，目前该领域主要以创新型人才为主，即技术型、艺术性为主，这些专业人才在精深专业领域的同时，很难再跨越专业进行时尚管理方面的创新，而原有的管理类人才又缺乏与时尚、设计专业的有效对接，因此融合性人才的缺乏导致研究能力不足。

另一个客观原因是时尚领域的创新过快，专业理论的沉淀时间不足，导致理论研究很难同步实践的发展。

这种滞后性会使产业的发展缺乏明确的思路和方向，容易使产业陷入无头绪的发展状态之中，最终会阻碍产业的发展。同时这种理论上的滞后性也导致了前一个观点即时尚管理教育体系不完善，这会使在人才培养和人才输出方面与产业的对接不力，使时尚产业缺乏应有的活力和水平。

（三）时尚管理教育的文化色彩不足

时尚的背后是文化，时尚管理专业教育，更要注重文化的传承和创新方面的教育。目前除了文化类专业、历史类专业等相关专业之外。各高校的相关课程，涉及文化类的很少，甚至没有。这对于以创新为主的时尚类专业来说，会使创新人才缺乏勃发的后劲；而对于时尚管理专业来说，缺乏深入性、系统性的了解时尚领域的发展的机会。国外高校往往通过大量的选修课模块来引导学生，进行专业基础和专业素质的教育。而我国教育采用的是统一规定的基础性的素质模块，重点培养学生德智体美等素质，但在专业素质培养方面，很多文化类课程不足。这种认识上的差距会导致执行方面的力度不够，也会影响专业人才培养的深度和实际作用的发挥（图 15-2）。

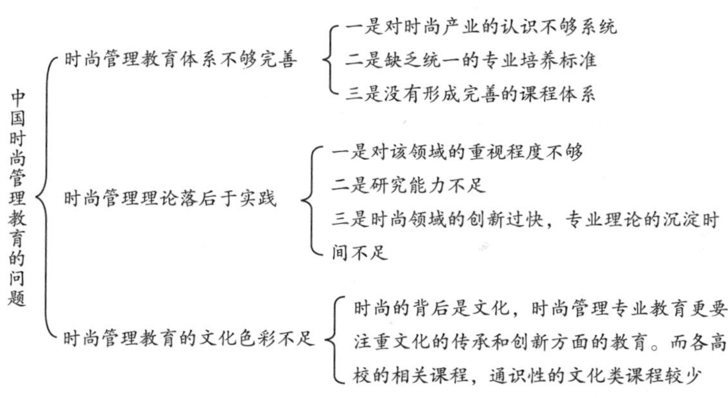

图15-2 中国时尚管理教育的问题

三、关于时尚管理教育的几点建议

（一）明确时尚管理课程的定位

可以根据时尚产业的发展实际，来定位时尚管理专业的重要作用。而时尚管理专业的科学定位准确是其课程设置优化的基础，我国高校可以参考国外高校的专业设置，把时尚管理设立为一个可以独立成体系的专业或者方向或者课群，并且明确时尚管理在学校专业中的地位，明确时尚管理在专业中的定位。通过一系列整合，达到优势资源共享，共同完善和发展时尚管理教育体系。

（二）丰富时尚管理课程的内容体系

一方面，参照国外的课程内容体系的设置，拓展国内高校的课程内容。时尚管理专业范围比较广，它不仅包括了人们对珠宝首饰等装饰物品的个人时尚用品管理和对所处环境家居用品的时尚管理，还包括了对人生存和发展中相关的事物、情况进行装饰的美化的环境时尚化工程。因此，我们不仅要拓展时尚管理在服装配饰等方面的课程内容，也可以结合其他专业特点，发掘其时尚管理方面的属性。当前，我们可以学习国外高校对于时尚的可持续发展以及道德方面的论述，并把它纳入时尚管理课程体系当中。

另一方面，我国有历史悠久的中国传统经典文化，在学习国外学校课程设置的同时，可以考虑把我国的文化纳入时尚管理课程体系当中，这既是对中国传统文化的继承，也是在发展中华文化。例如，北京服装学院建立了民族服饰博物馆，这是集收藏、展示、科研、教学为一体的文化研究机构，旨在服务社会，为教学、科研提供专业化资源，成为民族服饰文化的基因库。民族服饰博物馆向世界传达中国文化的丰富和厚重，成为中国服饰文化交流、研究的良好平台。为传承、创新、弘扬中国传统文化发挥重要的作用。因此，在发展和完善时尚管理课程体系过程中，要开发有中国特色的时尚管理类课程；在与国际化接轨的过程中，尊重其他国家风俗习惯，开发有关的课程。

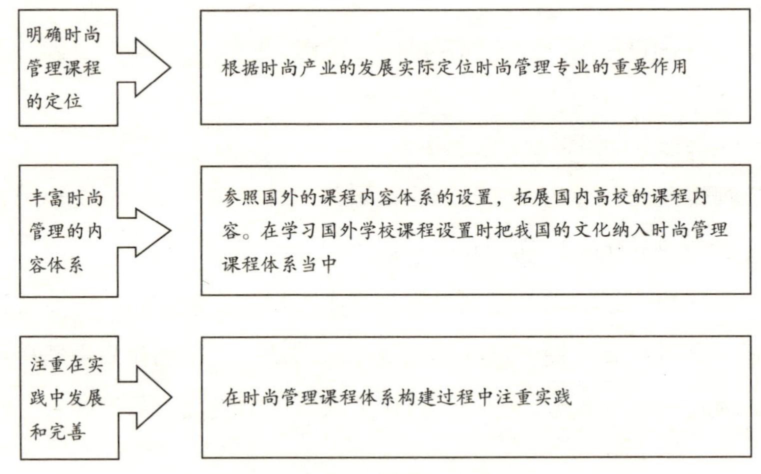

图15-3　时尚管理教育的建议

（三）注重在实践中发展和完善

在时尚管理教育体系构建过程中，国内外都注重实践发展。国内外高校在课程理论学习外，均与时尚产业相结合，安排实习时间，让学生们深入时尚行业进行学习，例如购买和销售、营销和公关、电子商务和供应链管理、全球采购、产品开发、服装和织物技术等。另外，学校还鼓励学生们创建自有品牌。要把实习作为理论学习的延伸，在实践中深入理解与体会整个时尚行业的脉络。时尚企业应该支持和鼓励学生实习，提供实习机会给学生。可以通过校企合作，让老师在企业中担任职位，在实习过程中，老师指导学生工作，让学生快速适应公司环境以及工作内容，联合培养具有专业素质的高水平的时尚管理类人才，为学生的职业生涯引航，为时尚行业吸纳更多人才，不断丰富时尚内涵（图 15-3）。

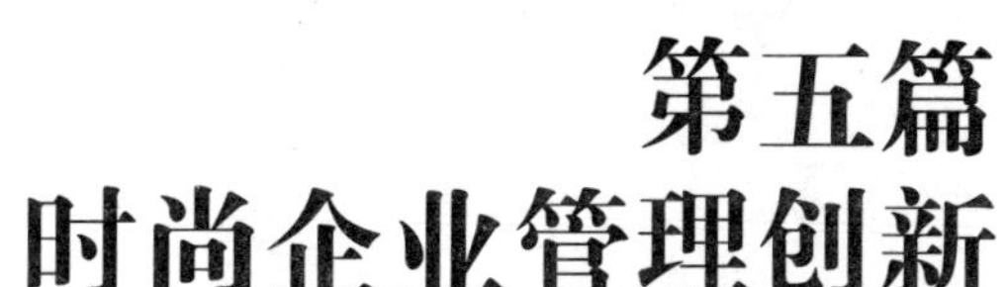

第五篇 时尚企业管理创新

管理创新，是管理者的一种管理哲学，要有自己的演进路径、方向或逻辑；它也是一种系统创新，每一项管理创新的推进和成果的取得，都是在企业或组织内部多部门的配合下共同完成。研究管理创新的意义在于，体会管理者升华的管理思想和管理哲学，挖掘其系统整合的改革实践，以“他山之石，可以攻玉”的心态，以点带面、点面结合，改进和完善自身的管理模式，提升管理效率和效益。本篇为着眼于时尚企业管理创新的理论和实践，从管理创新的模式解析、该创新的管理学特征和具体企业的应用，来浅析几种管理创新模式。

第十六章　阿米巴模式

一、阿米巴模式的含义解析

阿米巴模式，引用的是一种昆虫名字——阿米巴虫，它是原生动物门肉足纲根足亚纲变形虫目变形虫科的一属，音译阿米巴。虫体赤裸、柔软，因可向各个方向伸出伪足，以致体形不定而得名。也就是我们常说的变形虫。

所谓阿米巴模式，就是将整个公司分割成许多被称为阿米巴的小型组织，每个小型组织都作为一个独立的利润中心，按照一个小企业小商店的方式进行独立经营。比如制造部门的每道工序都可以成为一个阿米巴，另外销售部门也可以按照地区或者产品分割成若干个阿米巴。

阿米巴模式因日本的稻盛和夫成功经营京瓷和 KDDI 而得名。它是在量化分权思想的指引下，鼓励员工全员参与，培养具有经营意识的领导人才，实现风险共担、利益共享的一种管理模式。

二、阿米巴模式的管理特征

（一）分权式集权管理

有人把阿米巴经营模式的本质作为量化赋权管理模式的一种创新性应用。我想用分权式集权的管理思想，更能表达我对阿米巴模式的看法。分权和集权是企业经营管理权限的分配方式。我们不能孤立地去看分权和集权的作用和意义，因为在企业管理中没有绝对意义上的分权和集权，企业管理本身就是

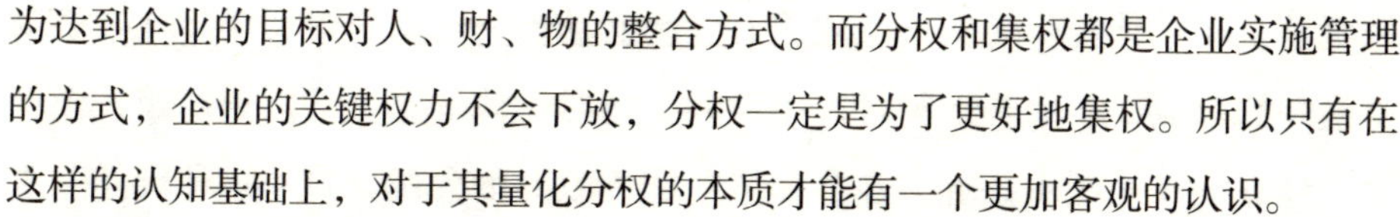

为达到企业的目标对人、财、物的整合方式。而分权和集权都是企业实施管理的方式，企业的关键权力不会下放，分权一定是为了更好地集权。所以只有在这样的认知基础上，对于其量化分权的本质才能有一个更加客观的认识。

量化分权。分权是为了更好地激发员工的积极性和创造性，按照权责相等的原则，分权也意味着同时要分出相应的责任，由阿米巴小组单独承担，同时也涉及前期投入和后期回报的分配问题。由于阿米巴小组不是真正意义上的独立法人，所以所谓的独立核算也具有相对性。它要依附总公司的平台、资源和管理体系，有条件地去使用这部分资源，同时在一定程度上独立核算。如前期的启动经费、原材料费、采购经费、加工费、维修费、电费、部门内部的公共经费、技术服务费、销售流通等费用，由于阿米巴可以广泛用于企业的各个环节，如研发、加工、销售等，所以涉及的费用分类可能有所差别。另外在取得经营性收益或成果的前提下，效益部分如何分配。确切地说，是小组实施业务上的自主性经营，公司负责整体资源的调配和相应的支持。

集权。阿米巴模式下，公司整体的决策权并没有发生改变，只是在具体的业务经营方面给予小组更多的权限，这与原来公司部门制的划分相比，只是程度上的变化。换言之，阿米巴小组取得的每一分成绩都会给整个公司增添效益，同时也会增加公司平台的综合性和统筹能力，阿米巴小组也会越来越依赖于公司服务提供的支持，使得公司的平台更具有权威性。

所以分权能够使员工有更多的自主意识，激发其积极性，而小组创造的每一分价值都会进一步增强平台的号召力和凝聚力，所以笔者把它定义为分权式集权，它也体现了大河有水小河满，小河无水大河干的统分结合的管理思想。

（二）领导式合作

笔者把阿米巴模式下阿米巴小组和公司领导之间的关系称为领导式合作的关系。

首先这是一种合作关系。阿米巴小组在具体的经营问题上具有很大的自主决策权，这有些类似于投资者和管理团队的关系。公司以资金、技术服务和相关资源入股，而且是大股东，小组以自己的技术和业务经营自己的产品和服务，在这种合作模式下，他们有共同的动力去完成小组工作，并希望取得最好的效益，在立场上阿米巴小组和公司是一致的。关于回报问题，根据之前独立核算的基本条件，在合作之前明确收益的分配方式。这种合作关系能够保证双方利益一致，为了共同目标而共同努力。

其次是一种领导关系。关于领导问题，体现在阿米巴模式下，决策权的归属没有发生任何改变。从阿米巴模式的分析看，阿米巴小组具有的是一定程度的经营方面的自主权。另外，领导的表现还在于，阿米巴小组所经营的业务方向和种类一定是公司整体业务模块下允许的，它在业务种类的选择方面的权利受限；同时公司提供的资源和保障也需要按照统一的规定来提取和使用；另外，当一项业务得不到市场认可，阿米巴小组和公司在继续与否的问题上产生分歧时，公司应该具有终止这项业务的权力，或不予支持，由小组承担更大的风险责任。所以阿米巴模式是公司领导下的业务合作模式，小组必须为公司的业务方向和公司的整体利益服务。

所以领导式合作体现的是领导者对于业务和小组的一种态度，是对于员工工作的一种尊重和支持。

（三）小组式、柔性化组织设计

小组是阿米巴经营模式中核心的组织设计，阿米巴小组是业务主体、权利主体和责任主体。

阿米巴小组设计的理念是，人员的增多会增加行政管理成本和协调工作，同时也可能会产生搭便车的现象。用最精干的人员组成小组，集中精力进行业务创新。小组织的人数根据业务的需求自由组合设计，小组的领导由小组人员共同决定，小组的分工由小组内部共同决定。

随着业务的开展，根据需要，可以进行小组内部的裂变和小组之间的合并。这充分体现了小组制的柔性化的组织特点。在之前的章节进行组织结构分析时，提到了柔性化组织的优势，在公司的具体经营当中，总会遇到业务情况发生变化，需要临时进行组织调整的情况，传统公司的组织结构具有一定的稳定性和固化效果，对于应对灵活多变、临时性的工作反应不够及时，而小组织这样的组织结构能够极快速反应，并灵活地进行调整。通过这样的合并和裂变，能够持久性地保持小组的高效运转。

小组可以保持这样的业务创新模式，但公司却需要具有这样的行政性的、整合性的功能和组织。正是在公司的平台上，小组才能够在裂变以后迅速成长，合并后保持高效运转。公司的行政性和平台性的支持以及阿米巴小组专注于业务创新，是阿米巴小组高效运转的重要原因。

（四）创新型企业文化

可以推断，实行阿米巴经营模式的公司，一定是注重氛围塑造和企业文化的公司。而且以创新型文化为主。

首先，以集权和分权的制度模式，调动阿米巴小组的积极性。制度本身就是文化架构的组成部分，激发员工的工作积极性和动力，通过分权式集权，重新定位公司和小组之间的关系，给予小组和员工一定的自主权，激发其主动性。

其次，阿米巴小组是业务工作小组，更确切地说是业务创新型小组。如果小组不进行创新型改革，就无法提高成效和获得效益，小组成员的利益就无法得到保障，在这种压力之下，会极大地提高阿米巴小组创新创作的主动性和积极性。根据小组的类型不同，创新的含义也不同。如果是研发型的阿米巴小组，可能创新的重点是创新新的技术和工艺；如果是生产型的阿米巴小组，可能是提高生产效率；如果是市场型或销售型阿米巴小组，应该侧重于对于消费者需求的精准把握和市场预判，并及时提供相应产品，满足其市场化的需求。不同类型的小组，共同之处就是改进和优化工作模式，取得更大的成效。在这样的压力和激励下，小组内部会自发形成改进工作模式的诸多创新做法，使公司形成具有内生性特点的创新性氛围和企业文化。

最后，阿米巴经营模式是公司的一种管理思想和管理模式。从公司的角度一定会采取各种方式来加强或渲染这种企业文化和创新氛围。以此来保证阿米巴经营模式的持续和取得更好的实施效果。一般来讲，阿米巴经营模式的企业会采取培训、渲染、活动、激励等多种方式来保持小组的创新积极性，同时也会引入竞争机制，来保持创新的活力和持续性。

阿米巴模式反映的是企业家的一种管理思想和管理哲学，它是一种集成性的系统管理思想，不能简单地把它作为一种模式和方法。它需要对公司的目的和使命有着清醒的认识，对公司的员工和内部组织有着极强的把控能力和掌握全局的能力，通过组织结构创新、量化分权、独立核算的小组设计，营造创新型的企业文化，以及综合服务能力强的公司总部组织平台，来保证阿米巴这种经营模式有序有效地运行（图 16-1）。

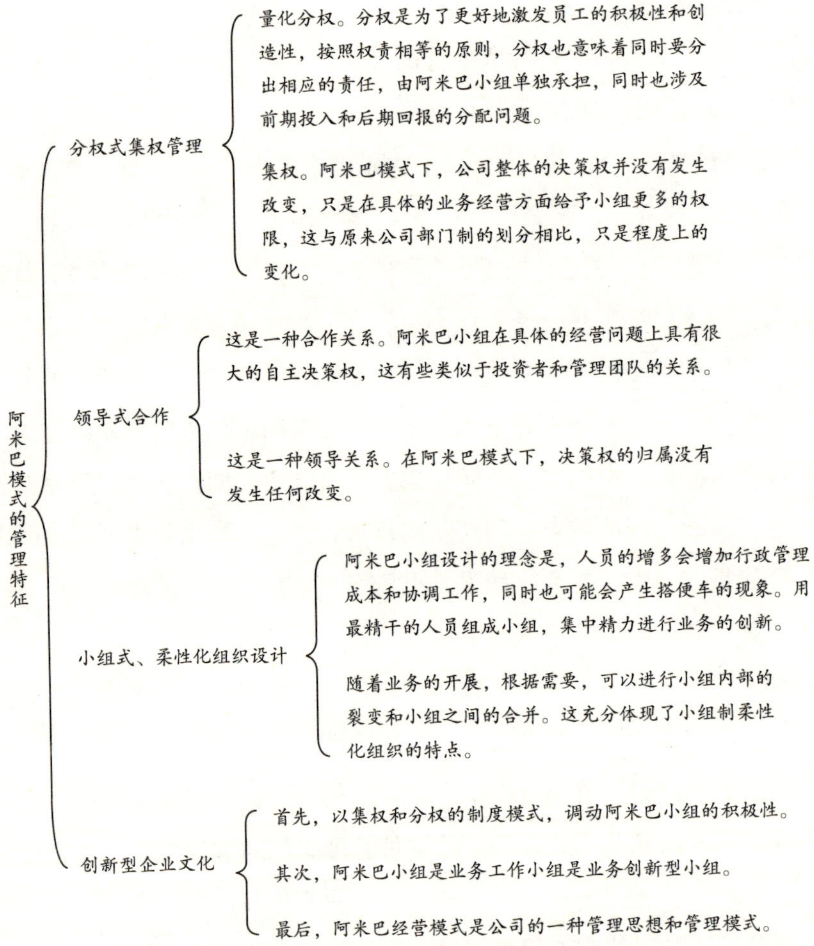

- 阿米巴模式的管理特征
  - 分权式集权管理
    - 量化分权。分权是为了更好地激发员工的积极性和创造性，按照权责相等的原则，分权也意味着同时要分出相应的责任，由阿米巴小组单独承担，同时也涉及前期投入和后期回报的分配问题。
    - 集权。阿米巴模式下，公司整体的决策权并没有发生改变，只是在具体的业务经营方面给予小组更多的权限，这与原来公司部门制的划分相比，只是程度上的变化。
  - 领导式合作
    - 这是一种合作关系。阿米巴小组在具体的经营问题上具有很大的自主决策权，这有些类似于投资者和管理团队的关系。
    - 这是一种领导关系。在阿米巴模式下，决策权的归属没有发生任何改变。
  - 小组式、柔性化组织设计
    - 阿米巴小组设计的理念是，人员的增多会增加行政管理成本和协调工作，同时也可能会产生搭便车的现象。用最精干的人员组成小组，集中精力进行业务的创新。
    - 随着业务的开展，根据需要，可以进行小组内部的裂变和小组之间的合并。这充分体现了小组制柔性化组织的特点。
  - 创新型企业文化
    - 首先，以集权和分权的制度模式，调动阿米巴小组的积极性。
    - 其次，阿米巴小组是业务工作小组是业务创新型小组。
    - 最后，阿米巴经营模式是公司的一种管理思想和管理模式。

图16-1 阿米巴模式的管理特征

三、阿米巴模式的企业应用

（一）说明

笔者使用阿米巴模式这个词，只是为了对这种管理模式有一个统一的称呼，不意味着这种管理模式、管理思想就是由某一个人或某一个公司设计提出和完善的。从前面的分析中可以看出，阿米巴模式是一种集成性的创新思想，涉及分权和集权的问题，柔性化组织设计，企业文化的塑造等，它的硬核内容都是具有历史渊源的，是在企业和组织发展和演化中逐步形成的一些经典的管理理念或思想。而且类似的小组制式的组织设计，也在很多的企业中得以践行。另外，不同的国家、不同的企业，对于这种经营模式的使用也有很大的差异。甚至在调研中，我们发现，有的企业根本就不知道阿米巴这个词，但是却实行着类似的经营模式。为了尊重企业的创新型的经营模式，所以作此说明。

阿米巴这种模式，在时尚领域早有实践。例如，在研发设计为主的时尚型公司，他们的设计团队，就是以小组方式实行的；还有科技型、研发型公司，这种模式都广泛应用；目前也有很多新型的、以应对消费者需求为主的新兴公司，他们借助互联网的平台性，纷纷采取类似的模式进行经营。下面以韩都衣舍为例，简单介绍一下这一互联网快时尚品牌的管理模式创新。

（二）企业案例

韩都衣舍，在解决互联网经济的供给和需求中，从供给侧的角度，针对需求的多变性，进行的“少量多款”的供给侧的模式创新。少量多款的背后，是低成本、高效率、积极性和可持续等的供应链体系的全方面运作，这需要在模式创新的基础上，配套管理创新措施。韩都衣舍以其独创的“以产品小组制为核心的单品全程运营体系（IOSSP）”，立足于服装行业、互联网企业的应用中，在对接外部市场和内部管理中，取得了积极地效果。彰显了互联网时代的管理哲学和行业特色。

以产品小组制为核心的单品全程运营体系的管理内涵

以产品小组为核心，产品小组之间既独立运营，独立核算，同时又相互配合，全面统筹。它们围绕“产品运营”这一核心，在企业的整体规划下独立开展业务。通常每个产品小组由 2 ～ 3 名成员组成，产品设计、页面制作、库存管理、打折促销等非标准化环节全权交由各小组负责。产品小组模式在最小的业务单元上实现了责、权、利的相对统一，是建立在企业公共服务平台上的“自主经营体”，培养了大批具有经营思维的产品开发和运营人员，同时也为集团多品牌战略，提供了最重要的人才储备。

该体系切合互联网企业的生产组织创新，每一款产品，从设计、生产、销售都以“产品小组”为核心，企划、摄影、生产、营销、客服、物流等相关业务环节配合，全程数据化、精细化的运营管理系统，“多款少量，以销定产”，最大限度地发挥互联网的优势，建立了“款式多，更新快，性价比高”的竞争优势，也有效地解决了服装行业最为头痛的库存问题，可以保证以极高的性价比给顾客提供更多的商品选择。

具体实施

第一，强化数据分析的决策效率。

数据分析和目标制定是由公司的企划中心完成。企划中心的功能主要包括提供数据的平台性工作、数据分析的服务性工作、制定目标的决策性工作和防止恶性竞争的协调性工作。

一方面，强化数据分析的功能。根据历年的积累数据进行大数据分析，参考年度波峰波谷节奏，进行数据分析和预测，根据形成的结论进行目标制订。

另一方面，进行量化赋权的管理模式层层推进目标制定。在这种模式下，首先根据年度的大数据分析制订公司的总体目标，然后层层分解到各个小组。每个小组可以自主地分别制订月度、季度和年度的具体目标和细分的考核标准。

第二，充分发挥产品小组的决策主体地位。

产品小组是韩都衣舍市场风险的主要承担者，也是市场决策的主体。在产品的销量和储存量的问题上，产品小组具有独立的决策权。

产品小组根据企划中心提供的数据，进行评估小组产品可能的出货量和风险库存。为了避免市场风险，产品小组一般遵循少量多次的方式向生产商下达订单，持续观测市场的反馈，以减少库存风险。

公司为少量多款的订购方式来协调生产加工单位，为产品小组提供平台式的服务支持。韩都衣舍采取紧密合作的方式，能够从生产商拿到最低的起订量，为其减少成本、降低风险的小组制的推行奠定了基础。

第三，“爆旺平滞”的销售分类，把握销售节奏。

库存积压问题困扰着很多的服装企业，不能很好地控制返单和促销的节奏是症结所在。韩都衣舍根据产品销售的热度和人气，将产品分为“爆旺平滞”四类。

爆款和旺款属于销售量很高，供不应求，具有较大市场潜力的产品，可以返单，即可以重新订购和追加供给；而平款和滞款必须立即打折促销。在打折促销的试点上，也要进行分析和选择，在旺销时间，往往稍一打折就会售出。

这样，到了季末，需要清仓的恶性库存自然就很少。因此，整个供应链反应更灵敏，品质也更易控制。

第四，扁平化的组织结构创新。

韩都衣舍的组织结构是以产品小组为核心构建的，公司以大的服务平台的方式存在，而具体的决策和创收的主体是产品小组。可以说产品小组就是传统集团公司的子公司的雏形。产品小组制将直线职能制打散、重组，每个小组均由设计师、商品制作专员，订单管理专员组成（每个小组 2 ～ 3 人），公司只规定最低定价标准，具体产品定价、生产数量、具体款式、促销时机和价格等，基本全部由小组自己决定。

第五，集团提供支撑保障。

为保证产品小组安全度过成立初期，每小组最初都有一定的原始资金使用额度。此后，本月小组资金使用额度，是上个月销售额一定的百分比。根据毛利润以及库存周转率，计算提成。小组内提成分配，由组长决定，报部门经理和分管总经理批准。对部门主管和经理的考核，部门销售额和后进小组或者新成立小组的成长速度均占据一定比例。

同时，如前文所示，设立企划部对品牌整体风格进行把关，同时协调各个小组间的利益冲突。企划部负责协调产品部各个部门做产品规划，即公司每年、每季产品开发的规则，规定上货波段和下市节奏，然后分配到各个产品部，落实到每个产品小组（图 16-2）。

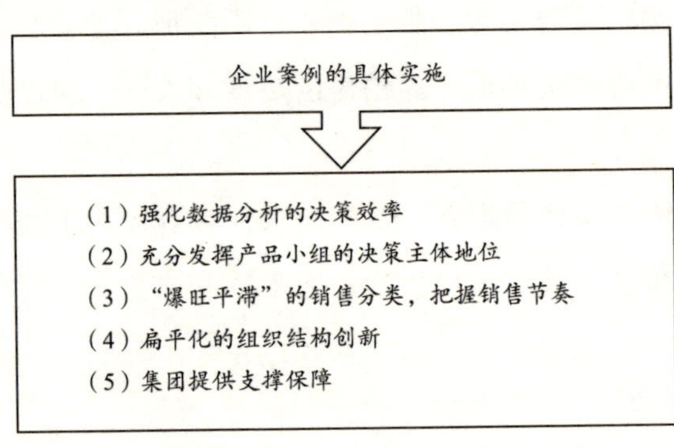

图16-2　企业案例的具体实施

第十七章　个性化定制

一、个性化定制的含义解析

个性化定制并不是一个晦涩的概念，我们从字面上就能够明白它要表达的含义。从企业的角度，个性化定制是企业为应对顾客的个性化需求而提供相应的产品和服务。个性化定制并不是一个全新的概念。在规模化之前，企业和组织提供的产品和服务都具有一定的个性化的特点，在规模化大生产之后，个性化的定制性服务也一直存在。如20世纪八九十年代以前广泛存在的裁缝店，可以有顾客自主性的提供布料或者裁缝店提供布料，根据顾客的尺寸，量体裁衣。还有，标准化生产无法满足需求的，也有很多零星的个性化的定制性服务存在。我国贸易当中的，来料加工、来料装配、来样加工，也是根据顾客的需求标准和要求提供的服务，从这个意义上说，在标准化、规模化的环节当中也个性化定制，这种可以称之为大规模定制，当然这种大规模定制不是现代意义上的MC。我们要探讨的个性化定制与之前具有个性化、定制性特色的模式不同，它具有时代性的含义。

（一）个性化的存在基础是标准化和规模化

标准化、规模化和个性化是相对应的概念。人类从农业社会向工业社会，演进的过程中，标准化、规模化具有非凡的作用和意义。工业经济又称规模化经济，它代表了先进的生产力和生产方式，规模化以标准化为基础，标准化主要指的是，“为适应科学发展和组织生产的需要，在产品质量、品种规格、零部件通用等方面，规定统一的技术标准，叫标准化。标准化可分国际或全国范围的标准化及工业部门的标准化。”

标准化强调的是对重复性事物的统一规范性活动，它具有统一性和通用性等特点。与之相比，工业化之前的传统的手工式的工作模式，不具备标准化和规模化的优势和特点，个别化、差异化特征明显，显得相对落后。如今我们进入了信息社会时代，也叫数字时代、网络时代，尽管概念有一定的差别，但是含义大致相同。每一个时代都是在前一个时代基础之上发展起来的，它承继了前一个时代所有的优点。网络时代，继承了工业时代的技术基础和优势。所以此时的个性化，非彼时的个性化，网络时代的个性化，不是因为技术问题而被迫采取的、零星的产品和服务提供方式，而是在工业技术不断发展和完善的基础上，结合互联网信息技术的创新型的服务模式。它是在标准化、规模化基础上的柔性化的生产和服务方式。

（二）消费者的深度参与

20 世纪八九十年代的裁缝店提供的也是一种定制化服务，往往裁缝兼职设计师，量好尺寸，你提出大致的需求，如西装、中山装或夹克，他用照片或口头给你提出意见和建议，制板之后再去试衣，没有问题再进行加工。现在的个性化定制则与之不同。一是消费者的专业化程度不同。通过互联网，消费者可以进一步明确自己的消费需求，能够相对专业化的来表达或表述。二是服务的提供方供给范围和能力不同。通过更庞大的数据库，可以提供给消费者更广的选择范围和更专业化的建议，如在一个标准下的若干更加细节性的规格和标准。三是消费者的个性化表达不同，消费者可以在其专业性的基础上进行选择和优化。四是速度和效率不同。数字化、网络化和智能化的技术提高了量体裁衣的精确性，通过高效率的柔性化生产系统进行快速加工制作和服务提供。消费者在此过程中与其深度互动。

（三）个性化定制服务范围的广泛性

众多的行业和产业都意识到了消费者的个性化需求，纷纷提供个性化服

务。除了传统的服装服饰、家居风格设计，在旅游路线设计、酒店个性化服务、商品选购服务、基于定位系统的行车路线服务、个性化餐厅等，在衣食住行各方面都充斥着个性化需求的满足和服务模式的创新，个性化的服务范围正在进行全方位的覆盖。

（四）个性化定制服务对象的精神性满足

个性化定制满足的是人们的精神层面的需求，具有典型的时尚性。与满足人们基本生活需求的规模化需求不同，当前个性化定制满足的主要是人们求新、求异、求特色的消费心理，它是用物质的载体满足人们精神层次的需求，与时尚性企业满足的对象一样，个性化定制是一种时尚性生活方式的表达（图 17-1）。

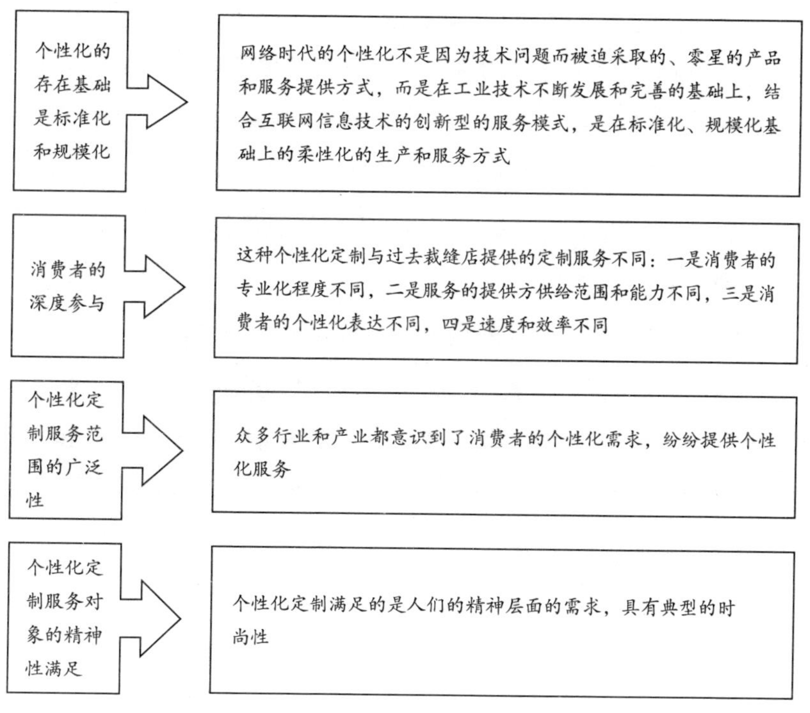

图17-1　个性化定制的含义解析

二、个性化定制管理特征

（一）个性化定制是一种系统管理思想

个性化定制不仅仅是一种商业和服务模式的创新。支撑它的是系统性的管理思想。系统管理理论认为，企业是一个由包括人在内的各种资源组成的管理系统，它具有整体性，各要素之间具有相互影响的关联性，系统管理理论一般由系统论、信息论和控制论作为支撑性的原理。

个性化定制是一种 F2C 的商业模式，Factory to customer，由工厂直接到消费者。在满足消费者个性化需求的过程中，整合了供应链的所有环节，包括研发设计、加工制造、交易流通，甚至逆向物流等环节。作为系统管理的表现，它要进行整体的系统设计，要关注各个环节的衔接，要控制整体的运行效率。而它以消费者的个性化定制需求为起点和目标，规避了系统管理单向性的缺点，有效地把行为科学管理理论和系统管理理论结合起来。

（二）消费者主权的理念

消费者主权，有两种主要的理解，一种理解是，消费者主权是消费者的一种权属，即在购买行为中表现出来的意愿和偏好的权力，从字面上可以得出这样的解释。另外一种理解是，作为与生产者相对应的一个概念，在市场上与生产者博弈的过程中，消费者处于主导地位，所以在消费者主权理论中也把它称为顾客主导型经济模式。

20 世纪中后期，买方市场、以顾客为中心等概念和理念的兴起，似乎预示着消费主权时代的来临，但实际上在规模经济的条件下，仍然是以生产者为中心，他们会考虑消费者的需求。但是在标准化和规模化之后，他们抽象了消费者的需求，即消费者的需求被泛化，规模范围之内的消费者，是一种统一的供给模式，即按照标准化的要求进行规模化生产，对于规模之外的消费者需求基本不予考虑。这是客观约束下的主观选择。这也是一种消费者需求的满足，但是这是一种大众化、抽象化、泛在化的消费者需求的满足。消费主权强调的是个体需求的满足。所以个性化定制表示一种真正意义上的消费者主权理念。在这种模式下，消费者的需求不再被代表，不再抽象，不再泛化，即使是小众的需求，也可以被满足，在与生产者的关系当中，真正体现了主导性。消费主体具体化，消费需求被尊重和满足，消费利益被享有，消费者权利和权益得以保护，消费者主权真正实现。这种主导地位的转换，需要企业重新定位自己的角色和商业模式。

（三）个性化定制需要柔性化生产管理和服务系统

个性化需求的满足，需要供给侧柔性化生产管理和服务系统。柔性化生产，主要指的是反应速度快、多品种、小批量的生产方式，目前主要是通过数控机床来实现。主要强调的是低耗、高效、零库存的精益生产，以高度柔性集成为主导的敏捷制造，以及提高人性化决策为目的的智能制造。

顾客需求的多样化，需要企业进行柔性化的管理，除了以技术为主导的柔性化生产以外，柔性化管理重点强调的是以人为中心的管理模式，这种以人为中心，除了包括顾客，还包括企业内部的员工。满足顾客的需求，这是企业立足的根本，但调动企业员工的主动性、积极性和创造性，才是企业发展的关键。所以在满足顾客个性化需求的过程中，管理过程、管理决策要体现对人的尊重和人性化管理，要尊重员工的创造性价值，采取适当的激励措施，除了物质上的奖励外，更注重精神上的嘉奖，注意企业文化的塑造，发挥员工的积极性和创造力。

（四）个性化定制需要完备的信息服务系统

个性化定制模式的背后需要一套相对完备的信息服务系统。

一是需要有与顾客交互良好的界面服务系统。在这个界面下与顾客进行交互交流，顾客可以进入系统，去选择自己的产品或服务方式，了解企业的供给特色和供给能力，反馈自己的需求信息，要求互动性良好、数据库齐全、反应迅速灵敏，并可以直接进行网上电子商务交易和支付等。

二是要具备完善的数据库系统。主要由数据库和管理软件构成。在这套系统里，需要有相对完备丰富的客户信息，以便于精准地分析顾客的消费需求，要具有商品和服务模式的众多资源和模板，能够快速、精准地对顾客的需求做出反应。一般来讲，随着用户数量的增加，用户消费所留存的数据会越来越多，数据库和管理系统也会随之丰富和不断完善，因此很多管理和服务平台会随着用户数量的增加不断优化和完善。

三是技术服务平台。在进行网上服务过程当中，消费者需要立体和真实的感受，以便增加体验感。所以在技术服务平台中，一般会应用3D技术、虚拟技术等信息技术，协助进行生产管理和服务，增加个性化定制服务的顾客满意度（图17-2）。

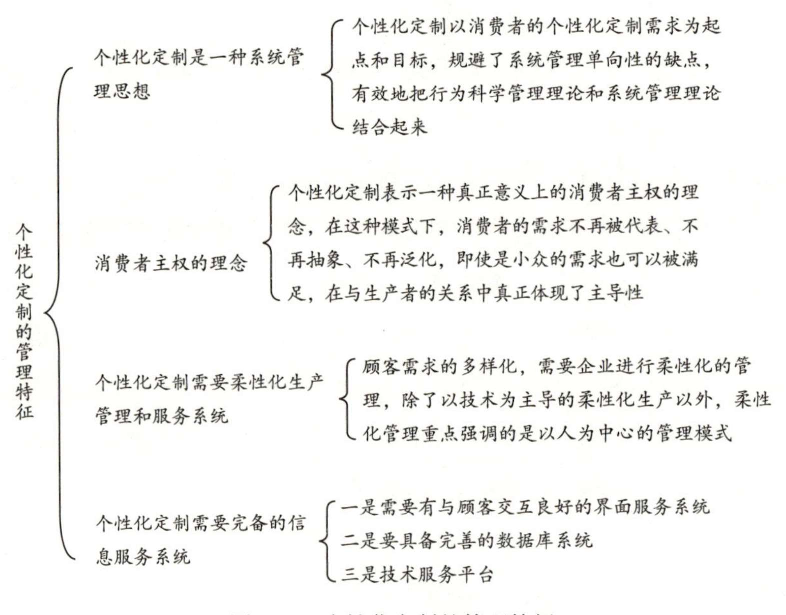

图17-2 个性化定制的管理特征

三、个性化定制的企业应用

目前个性化定制在诸多行业均有实践，服务模式、服务对象也多样化。包括阿迪达斯的迅速工厂、红领集团酷特智能C2M个性化定制平台、美克家

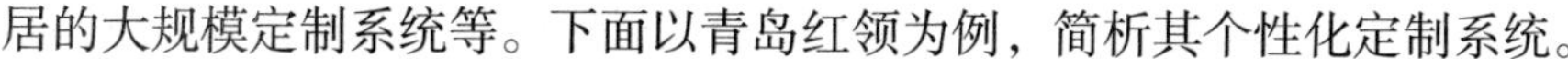

居的大规模定制系统等。下面以青岛红领为例，简析其个性化定制系统。

（一）转变服装行业生产模式、经营模式、赢利模式

传统的量衣定制是由裁缝测量个体体型尺寸后再根据客户特殊要求单量单裁，这种手工作坊式的过程，由于缺乏规范化的标准，生产时间长、产量低，质量的好坏完全取决于裁缝个人技术水平的高低，产品质量稳定性差。

当传统的手工作坊式的量体裁衣模式不能适用现代工业化生产装备的大规模生产能力的需求，这也就促使新的量身定制方法的产生。针对市场需求，红领审时度势，迅速捕捉市场机遇，在立足企业实际，依靠科技创新，引进先进设备，进行技术改造，不断打造企业核心竞争力的前提下，着力实施“个性化、差异化”蓝海战略，确立了以高端量身定制西服正装为主线的经营模式，推出了服装高级量身定制（MTM）业务。

2005 年，红领把经营战略目标转向高端男正装量身定制 MTM 业务。为支撑 MTM 业务战略，红领开始对企业进行管理变革和技术改造，并迅速地调整产品结构，转变经营方式，转变盈利模式，积极推进“两化”融合建设。通过利用公司自主产权和个性化的 MTM ERP 信息化商务平台，以及独特的量体方法，不但满足了不同消费群体的个性化需求，而且还解决了个性化产品不能工业化生产的难题。

（二）支撑 MTM 战略的信息化基础建设

为支撑集团公司 MTM 业务战略，红领投资建成了工业园区综合布线局域网，分公司、办事处通过 Internet 以 VPN 方式接入，合作伙伴通过 Internet 链接的基础网络架构，建设以服装 MTM 电子商务平台、服装 ERP 系统、服装 CAM/CAM 系统、生产 MES 执行系统为核心的一体化信息系统支撑平台；经过多年的信息化建设，已经累计投入资金达 5000 多万元；数据中心拥有各种服务器近 20 台，核心交换机 10 余台，防火墙，百兆光纤接入，整个工业园区实施综合布线，拥有各种终端设备近 500 台；拥有 30 多个服装 CAD 工作站，4 条 CAM 生产线，2 条依腾自动吊挂流水线。所有的科研投入与开发，

都是为了不断地优化产品，提升产品附加值，并通过不断的优化管理、结构、体系和流程，最终形成自己独特的管理特色。

红领开发了专有版权的软件，建立了覆盖人类 99% 的正装板型数据库，涵盖西服、西裤、衬衣、马甲、大衣 5 个大类，超过了 5 亿个板型。该板型在数据库中按质到量排列、存放，能“融合信息化的匹配原则、从质到量的比配思想”，在 5 亿板型的比配设计方面，充分发挥了 CAD 的功能与思路。数据库的强大功能，可以满足 99% 以上的个性化需求，剩下的 1%，红领逐个开发、补充、完善，最终达到 100%。同步，红领在量体方法上通过创新取得了突破，彻底改变了传统的测量规则，通过产研联合研发激光电子量体仪。

（三）建立 MTM 个性化定制快速反应系统

实现产品多样化和定制化的大规模定制生产模式。红领拥有完备的板型数据库，数据库内有十几个亿的板型，可以覆盖全球 99% 的人体需求。红领拥有自主研发的服装电子商务平台系统，全球的客户可以 24 小时进入系统自主选择板型、款式和个性化需求；自主选择和占用交期；进入红领的物料仓库，选择和占用面辅料。红领拥有自主创新的量体系统，通过自主研制的肩部、背部、腰围、立档量体仪，通过专属量体规则和量体数据设置对客户进行多部位数据精准采集。正在研制的手持 3D 扫描仪。是一套非接触式、数字化人体测量系统，可精确获取人体三维数据，5 秒时间内完成人体全身扫描，获得 1∶1 的人体三维模型。红领拥有专业的柔性成衣制造系统。传统生产线通过与信息化的结合和创新，将批量生产线重新编程、组合，实现同一产品不同型号、不同款式的不同转换，实现流水线上不同数据、规格、元素的灵活搭配，制造出灵活多变、适合客户个性化、差异化、零散性、急需性的产品。正在研制的专业生产经营管控系统，可以对车间工序进行全程模拟仿真，完成生产线自动排程、突破管理瓶颈、提高生产效率，生产地图模式可以实现“工位实时监控、订单查询定位、订单报警、智能核算”等。管理者可以通过管理驾驶舱进行管理目标和计划的调整和决策。客户可以通过网络手机进入生产系统，随时查验自己订单的生产情况、完成进度、产品质量和流通情况（图17-3）。

转变服装行业生产模式、经营模式、赢利模式	2005年，红领把经营战略目标转向高端男正装量身定制MTM业务。为支撑MTM业务战略，红领开始对企业进行管理变革和技术改造，并迅速调整产品结构，转变经营方式，转变盈利模式，积极推进“两化”融合建设。
支撑MTM战略的信息化基础建设	为支撑集团公司MTM业务战略，红领投资建成了工业园区综合布线局域网，分公司、办事处通过Internet以VPN方式接入，合作伙伴通过Internet链接的基础网络架构，建设以服装MTM电子商务平台、服装ERP系统、服装CAM/CAM系统、生产MES执行系统为核心的一体化信息系统支撑平台。
建立MTM个性化定制快速反应系统	实现产品多样化和定制化的大规模定制生产模式。红领拥有完备的板型数据库、自主研发的服装电子商务平台系统、自主创新的量体系统、专业的柔性成衣制造系统。

图17-3　青岛红领的个性化定制系统

第十八章　其他管理创新模式和实例

一、战略管理的创新

关于战略管理的界定，在前面人力资源的部分已经初步分析，它具有全局性、长远性和前瞻性的特点。在研究企业管理和管理创新的过程中发展，许多的管理模式和应用，都具有战略性。人力资源管理、文化管理、品牌管理、组织结构设计、生产管理等，这些具体的管理，都具有战略性意义。因为这些具体的管理，在分析管理模式的时候已经涉及。所以，这里从企业转型升级与否的角度来介绍两个相关的案例和模式。

（一）转型升级的战略创新

转型升级的概念包含范围很广泛，有经济的转型升级、产业的转型升级和企业的转型升级。产业和企业的转型是在经济转型升级理念下的具体实践和创新型应用，目的是实现组织的战略性的优化状态。企业的战略性转型主要是为了取得市场竞争中的优势地位，增加附加值。转型不是转行，企业的转型升级是企业在其业务范围之内或供应链之内的战略性调整，一般是从价值链低端向高端的重新定位，或劳动资本技术等要素的重心性调整，如从劳动密集型转向资本和技术密集型等。从企业的角度来看，转型，强调的是企业的发展方式转变，即从低附加值转向高附加值，从高能耗、高污染转向低能耗、低污染，从粗放型转向集约型的转变；而升级，强调的是企业重新定位在价值链中的地位，调整内部的结构和纵深发展。通过转型引导升级、通

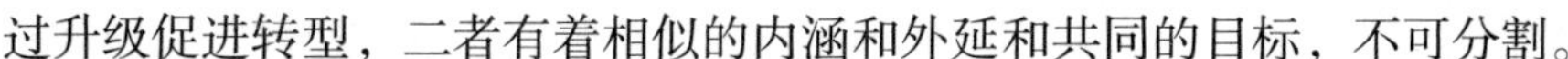

过升级促进转型，二者有着相似的内涵和外延和共同的目标，不可分割。

（二）企业案例

转型升级在我国传统行业企业中需求尤为强烈。我国很多传统企业以加工制造为主，利用的是我国相对丰富的自然资源和劳动力资源，劳动的附加值较低，在供应链的竞争当中处于不利地位，而且随着资本和科技等要素的丰富，这种低端的生产制造和劳动密集型的企业，生存压力较大，需要进行战略性调整。多年来，我国企业不断改革和尝试，积累了很多转型成功的典范，也有的企业销声匿迹、泯灭于众。下面以新澳为例，简析其时尚化转型的战略突破。

浙江新澳纺织股份有限公司（以下简称“新澳”）是一家私人股份制企业，已成功跻身中国毛纺行业的龙头企业之一。公司主营业务为毛精纺纱线的研发、生产和销售，主要产品为精纺纯羊绒及羊绒混纺针织纱、精纺极细和超细美利奴纯羊毛及混纺针织纱等，以及中间产品羊毛毛条。产品主要应用于世界中高端品牌的针织服装，包括羊绒衫、羊毛衫、羊毛内衣、羊毛T恤、毛袜及其他针织品。

其战略转型的核心定位是：源头入手，从纤维、原料开始，引导企业进行技术升级及产品创新，为客户提供从色彩到原料及成品的解决方案，引起企业整个营销模式颠覆性改革，与品牌企业建立战略合作伙伴关系，从时尚的跟随者，逐步成为时尚话语权的把握者。

高端定位，引导流行色发布趋势

要想做到引领客户需求，最基础的环节就是企业对流行趋势的研究与发布，在众多的纱线时尚趋势预测中，流行色总是最先被预测，其预测结果对于流行趋势有引领作用。新澳创建初期，由于规模小、实力弱，在纱线染色方面也曾经历过一段靠模仿国外纱线颜色、靠客户提供样本来进行染色的时期。但是因为落后于流行趋势而无法与欧洲同行竞争。为了摆脱这个困扰，新澳决心把流行色预测和应用，作为公司重要的战略发展课题。从2005年开始，新澳每年两次在世界流行纱线展上，发布自己的流行色卡和产品集锦卡，与世界同行同步。提前一年半预测市场流行趋势，以设计优势引导客户选择。此时的新澳已不再是一个单纯的加工工厂，而是一个有着鲜明形象的时尚潮流引导者。新澳致力于流行色的预测与应用，近十年，新澳所走出的这条“引导客户需求，开拓高端市场”的路线，为中国纺织企业未来的发展做出了可贵的尝试。具体来讲，一是超前引导，与世界同行同步；二是技术研发，加强流行预测的精确度；三是关注细节，认真对待流行色传递与发布的精细环节。

生产管理创新，贯通产业链条

时尚产业的风格差异化和消费符号性所带来的高附加值特性，需要依赖于产品技术创新的有力支撑和先进生产设备的有效对接，并且在产业链上下游得到有效贯通。新澳在生产管理创新、贯通产业链条方面，进行了积极的探索和尝试。一是产品工艺创新。意识到与欧美等国家的产品差异后，新澳积极地进行工艺改革和创新。聘请纺纱、染色技术、质量控制等各环节的国外专家到新澳来，提出问题，一项一项地改进。创出拳头产品“CASHFEEL”，将其作为新澳的主打产品。同时新澳还开发了诸多新产品。包括各种化学纤维与羊毛混纺产品，羊毛与丝纤维的混纺纱线，羊毛与羊绒纤维混纺的纱线，防缩系列的产品等。二是产业链集成创新。新澳花费近十年的时间，通过合作、兼并和新建等方式，形成了一整套集毛条制条、改性处理、纺纱、染整精加工于一体的纺纱产业链。产业链的整合，使新澳从之前单纯地关注如何提升纺纱技术，逐渐过渡到了关注整个行业的外部环境变化、消费者的终端诉求等方面，并且设计与营销向两端延伸，使得集成创新概念得以覆盖产业链上下游。新澳可以在第一时间把制条、防缩处理、纺纱、染色各个工段的专业技术人员召集起来，共同参与到产品的前端设计开发与后端客户服务中去。从原料选择开始，到如何制条、如何进行化学处理等，全方位多角度地集中提出、识别、遴选工艺方案，以保证从工艺设计到生产组织，都能最大限度地为客户提供双方契合度最高的个性化方案。三是生产管理创新。提升设备自动化，从向人口要“红利”，转为向机器要“红利”。

生产管理的改革，一方面倒逼企业加大员工培训力度，不断提升劳动力素质，不少普通操作工因此转变为电脑操控员、设备维护工。另一方面，使公司免于过早陷入“用工荒”困境，逐渐告别劳动密集型发展之路，减少对低成本劳动力的依赖。

配合着倡导生态环保，增强持久竞争力，凭借重新定位和管理创新，新澳成功地实现了企业的转型和升级，主动服务的营销策略为企业树立了良好的品牌形象，也为企业带来了丰厚经济利益，尤其是旗下的品牌 CASHFEEL 产品，即使在整个行业不景气的情况下，也为公司带来了良好的经济效益。同时，生产环节的技术设备创新和供应链整合创新，帮助企业增强了竞争优势。众多的荣誉和积极的评价，反映出新澳取得的社会效益（图 18-1）。

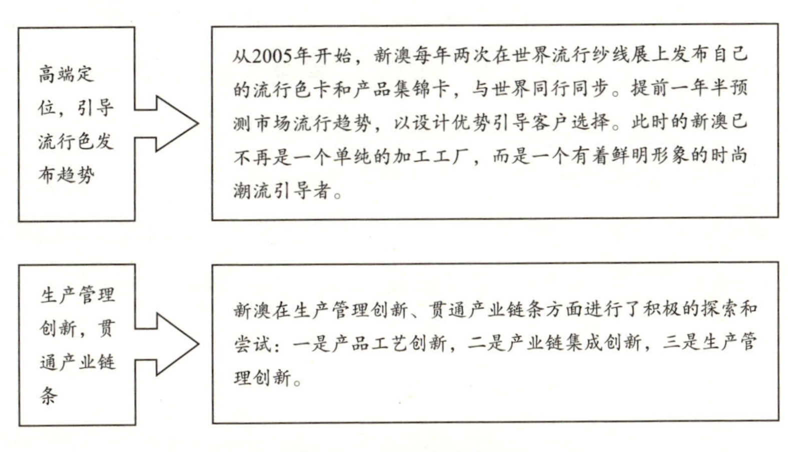

图18-1　新澳案例解析

二、品牌管理创新

（一）品牌管理创新

品牌是一把双刃剑，通过品牌建设和管理，可以使企业和产品获得市场美誉度、用户黏性和品牌的资产价值。反之，当品牌运营不成功时，负面效果也会按照这样的渠道来传递，对企业的打击是致命的。所以每一个品牌企业，都会具有一种使命感，与时代同步，与市场同频，不断完善内部管理体系，保持企业自身内外部环境的协调发展，使品牌不断增值。近些年来，我国对品牌建设高度重视，把品牌建设放到国家战略性的高度，各方积极响应，品牌意识不断增强，具有自主知识产权性质的品牌层出不穷，传统的老字号等我国传统的品牌也在不断复苏和迸发新的活力，涌现出很多经典的品牌建设和管理的案例。下面结合笔者曾经走访的企业——湖南华升集团的经验做法来解析其实施的品牌管理创新。

（二）企业案例

华升集团公司产品 85% 以上都是外销，但是总销量始终不大。于是，华升集团决定将矛头转向内需，创建了本土服装自主品牌“华升 · 自然家族”。“华升 · 自然家族”品牌以麻类纤维为特色，结合其他天然纤维，开发适合内销的含麻类衬衣、休闲服、T 恤、袜子、家居服、毛巾、床上用品等服饰家纺产品。

核心定位：湖南华升集团的终端品牌战略，主要是注重产业链的延伸，做好制造业微笑曲线价值链的两端——设计和营销。通过夯实技术创新体系，一是做好苎麻的脱胶、织布、染整等环节的高附加值技术含量设计，二是做好终端产品“华升 · 自然家族”品牌的创意设计。

建立以品牌战略为导向的组织结构

成立终端品牌领导小组。领导小组的主要职责是决策品牌战略发展重大事项，负责全公司开展品牌战略发展活动的指导、部署、检查和评价。在领导小组的领导下，成立品牌发展办公室，负责品牌战略方针的制订工作，制定各阶段、环节的工作计划，负责品牌发展活动的具体组织实施、协调及检查工作等。这有利于集团公司各部门根据职责分工，按照活动的主要内容，承担相应工作，并做好协调配合工作。根据品牌战略目标选择考核方法，建立绩效考核体系，通过签订经营责任书，量化品牌发展目标责任制，把工作目标分解落实到每个岗位、每一位员工身上，以提高组织管理的执行力。

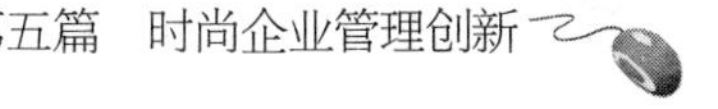

夯实技术创新体系

紧紧围绕品牌战略的发展目标，通过技术创新，提高科技贡献率和品牌贡献率，引领苎麻产业转型升级，提高终端品牌产品附加值，推进服装自主品牌核心竞争力建设。一是充分发挥“院士工作站”作用。院士工作站的成立是华升集团技术中心推进产学研合作、引进高层次人才的最新成果；也是政府推动、院士实质性参与、以项目合作为基础、市场化运作的高端企业科技创新平台。院士工作站成立后，公司的现状、发展方向以及在行业中拥有人才、人脉、设备、技术、资金、管理、销售、文化的八大优势有明显提升，增强了华升集团的自主创新能力。二是研发功能性服装面料。新一代具有独特功能的麻质面料，不仅能引起消费者的好奇心，增强购买欲望，而且能满足一些有特殊需求的顾客群体的特殊需要，比如消防员、要做化学实验的科学家等，而且这些具有特殊功能的服装一般价格也比较昂贵。基于此，华升集团致力于新型多功能面料的研发。集团充分利用加工优势，引进先进面料和设计系统，把苎麻与其他天然纤维棉、丝、毛进行集成创新，使各种纤维优势互补，开发优质多功能的麻类纺织面料。以科技创新、特效防护为研发宗旨，研发生产了多种功能性阻燃防火、防酸碱、防静电、抗油拒水、防紫外、防水透湿、高强效复合功能性面料，可广泛满足机械加工、矿山、冶炼、化工生产、电力等特种行业的服用功能。

加强品牌创意文化建设

“华升·自然家族”的品牌愿景是以文化创意驱动品牌建设，把创意、时尚、文化作为生产要素，融入产品研发和生产过程中，提高产品的文化内涵和附加值。重点要从要素成本优势逐渐转向创意时尚、文化驱导以及品牌优势。一是生活馆主推苎麻文化。“华升·自然家族”品牌生活馆，通过家居家纺、休闲服饰、职业服装、高级订制四个板块，突出“自然风、健康潮、华升情”的品牌宗旨，传递一站式体验式的购物理念，传达时尚流行趋势与传统麻文化的完美融合，以及自然健康的品质生活方式。二是精心打造五大产品系列的设计风格。产品的系列规划是品牌战略的主体。“华升·自然家族”

品牌通过自然与工艺实践相结合，在品牌传承和文化弘扬中寻求创新，提供既有高科技含量又充满人性关怀的新产品、新服务。精心打造“华升·自然家族”品牌产品的五大系列：自然之美、贴心定制、特种功能工装系列产品、休闲系列产品和“品质生活”家纺家居产品。

同时结合商业模式创新，实现了经济效益和社会效益方面的成果（图18-2）。

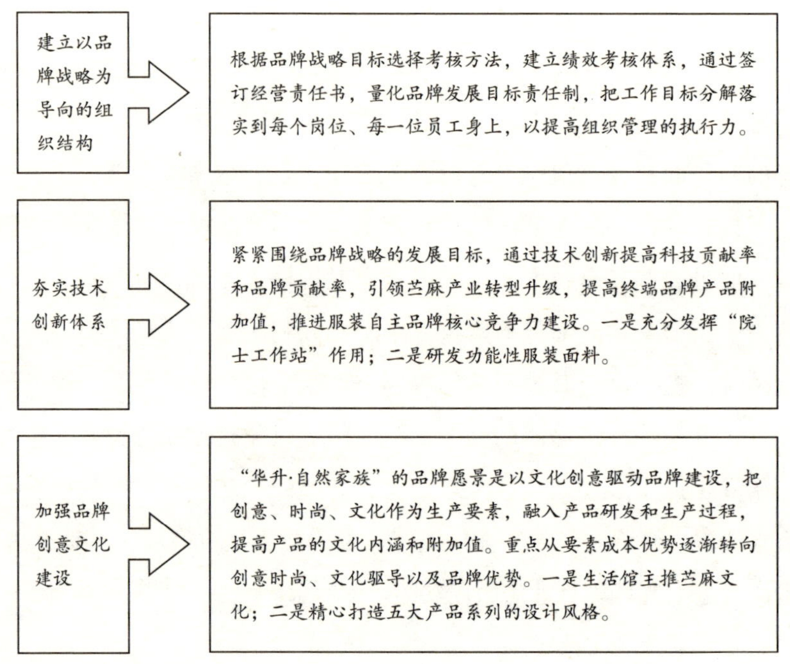

图18-2　华升集团案例解析

参考文献

［1］杨向荣，雷云茜．循着齐美尔的思想轨迹：时尚的艺术哲学阐释及其反思［J］．艺术设计研究，2013（01）:10-15.

［2］赵高辉．城市时尚传播的文化起源与当下建构［J］．当代传播，2018（03）：63-65+87.

［3］齐奥尔格·西美尔．时尚的哲学［M］．北京：文化艺术出版社，2001.

［4］Kaiser .The Social Psychology of Clothing［M］.New York .Fairchild Publictions，1997.

［5］辞海编辑委员会．辞海［M］．上海：上海辞书出版社，2000.

［6］马克思恩格斯选集［M］．北京：人民出版社，2012.

［7］符国群．消费者行为学［M］.3 版．高等教育出版社，2015.

［8］中国共产党新闻网：特别关注：中国经济增长的“新三驾马车”［J/OL］. http://theory.people.com.cn/n/2015/1012/c40531-27686130-2.html.

［9］“文化自信”的独特作用和重大意义［J/OL］. https://baijiahao.baidu.com/s?id=1611557687819942917&wfr=spider&for=pc.

［10］暖阳，H&M：时尚供应链的缔造者［J/OL］. https://baijiahao.baidu.com/s?id=1633737721871511530&wfr=spider&for=pc.

［11］新零售：内涵、发展动因与关键问题［J］．价格理论与实践，2017.

［12］付泉．管理信息系统［M］．武汉：华中科技大学出版社，2013.

［13］彭兰．导致信息茧房的多重因素及“破茧”路径 [J/OL]. 新闻界．https://doi.org/10.15897/j.cnki.cn51-1046/g2.20191230.001.

［14］https://baike.baidu.com/item/%E6%95%B0%E5%AD%97%E5%8C%96%E7%94%9F%E5%AD%98/20416399?fr=aladdin.

［15］郭小安，甘馨月．“戳掉你的泡泡”：算法推荐时代“过滤气泡”的形成及消解［J］．全球传媒学刊，2018（6）．

［16］刘建明，王泰玄，等. 宣传舆论学大辞典［M］．北京：经济日报出版社，1993.

［17］李晗．大数据时代新闻生产新模式：新闻推荐平台的理念、实践与思考——以“今日头条”为个案［J/OL］．人民网研究院．http://media.people.com.cn/GB/n1/2019/0108/c424274-30510871.html.

［18］侯玉波. 社会心理学［M］．北京：北京大学出版社，2002.

［19］王丹丹．服务企业品牌忠诚的形成路径分析———对如家、浙商银行和小南国的纵向案例研究［J］．管理评论，2018.7：292-304.

［20］张冉．基于扎根理论的中国社会组织品牌内化结构维度研究［J］．甘肃社会科学，2018（4）：249-255.

［21］王保利，娄永乐．企业科技创新与品牌价值关系的实证研究［J］．科技管理研究，2018（17）：16-22.

［22］张思雪，林汉川．创新中国品牌体系的关键：重塑与定位［J］．经济与管理研究，2016.8：134-142.

［23］张克一，唐小飞，苏浩玄，等．创新战略：品牌关系驱动与服务创新驱动的影响力比较研究［J］．预测，2018（4）：39-45.

［24］任培民，赵树然，张苗．品牌延伸战略价值的实物期权评价新方法——基于语言算子扩展与成功率分析的模糊复合视角［J］．数量经济技术经济研究，2018（8）：125-139.

［25］李杨，丁雯菲．可持续理念驱动区域传统文化品牌建设研究［J］．包装工程，2018.8：26-29.

［26］张茂伟，蓝天，杨嘉琪．区域品牌价值提升路径—制度规范下集群企业与展会协同的视角［J］．商业经济研究，2018（16）：63-66.

［27］陈洁，谢文听，李博．网络属性对消费者在线重购品牌选择行为影响研究［J］．上海管理科学，2011.8：81-89.

［28］蒋姣姣．电子商务平台与传统贸易平台的联动发展研究［J］．江苏商论，2012.

［29］https://baike.baidu.com/item/%E4%BC%81%E4%B8%9A%E6%96%87%E5%8C%96/154426?fr=aladdin.

［30］https://baike.baidu.com/item/%E9%A2%86%E5%AF%BC%E8%A1%8C%E4%B8%BA%E7%90%86%E8%AE%BA/6842429?fr=aladdin.

［31］About the Research. Dimensions - Geert Hofstede［J/OL］. https://baike.baidu.com/item/%E9%9C%8D%E5%A4%AB%E6%96%AF%E6%B3%B0%E5%BE%B7%E6%96%87%E5%8C%96%E7%BB%B4%E5%BA%A6%E7%90%86%E8%AE%BA/16697781?fr=aladdin.

［32］https://baike.baidu.com/item/%E6%95%B0%E5%AD%97%E5%8C%96/613878?fr=aladdin.

［33］李成钢．互联网经济的理论创新和实践［M］．北京：对外经济贸易大学出版社，2016.

［34］陈志斌，黄嘉诚，周宇倩．行政事业单位财务共享服务模式的构建研究［J］．管理会计研究，2019-09-26：13-27+87.

［35］陈芬，刘家国．共享经济商业模式研究——以 Uber 为例［J］．特区经济，2019.9.25：99-103.

［36］胡秀娣．浅谈大数据时代下加油站共享用工模式［J］．财会学习，2019.10.5：202+204.

［37］丁宁，杨建新，逯馨华，等，共享单车生命周期评价及对城市交通碳排放的影响——以北京市为例［J］．环境科学学报，2018.6.12：1-15.

［38］单体辉．浅谈信息化时代，财务核算共享对集团化企业的影响［J］．财会学习，2019.9.15：50-51.

[39] McCarthy ,J. ,Minsky, ect. A Proposal for the Dartmouth Summer Research Project on Artificial Intelligence[J]. AI Magazine, vol. 27,no. 4,pp. 12-14.

[40] 黄蕊，郭文，赵意．“人工智能+”产业融合发展问题研究[J]．长春理工大学学报（社会科学版）,2018.11:89-94.

[41] 赵珏，张士引．产业融合的效应、动因和难点分析——以中国推进“三网融合”为例[J]．宏观经济研究，2015（11）：56-62.

[42] 陶长琪，周璇．产业融合下的产业结构优化升级效应分析——基于信息产业与制造业耦联的实证研究[J]．产业经济研究，2015（03）：21-31.

[43] 张桂丹．人工智能将为时尚带来一场革命[J]．中国纤检，2019（01）:124-125.

[44] https://baike.baidu.com/item/%E9%98%BF%E7%B1%B3%E5%B7%B4%E8%99%AB.

[45] 三矢裕，加护野忠男，谷武幸．稻盛和夫的实学：阿米巴模式 [M]. 东方出版社，2013.

[46] 李成钢．韩都衣舍：量化赋权管理[J]．企业管理，2017.12:67-68.

[47] 中国社会科学院语言研究所词典编辑室．现代汉语词典[M].6 版．北京：商务印书馆，2012.

[48] https://baike.baidu.com/item/%E6%A0%87%E5%87%86%E5%8C%96/219789?fr=aladdin.

[49] 全国纺织行业管理创新成果经典案例（2011 年、2012 年）[M]．北京：中国纺织工业企业管理协会，中国纺织出版社，2014.

[50] 李成钢．“新澳”由传统到时尚的转型升级之路[J]．企业管理，2016.8：60-62.

[51] 李成钢，王英霞．“华升·自然家族”品牌战略创新[J]．企业管理，2016.10：65-66.

跋

本书是笔者对与时尚、时尚企业和时尚管理粗浅认识的阶段性归纳，也是作为网络化、智能化时代与时尚融合的一个尝试和成果汇总。

从观点的形成到内容的充实和丰满，得益于笔者过往的工作经历和研究成果，更受益于北京服装学院作为时尚类高校的时尚文化底蕴对笔者的塑造。

感谢各界专家的指导和帮助，特别是那些虽未谋面但却拜读大作的专家，他们独特的研究视角和深入的研究成果，对本书有着重要的指导意义。

感谢李文丽同学帮助在文中制作的图表，感谢在本书构思阶段帮助搜集素材的同学们。